JN217972

オトナ女子の

お金の
貯め方
増やし方
BOOK

ファイナンシャルプランナー／エフピーウーマン代表
大竹のり子
監修

はじめに

お金はあなたを映す鏡です。

試しに、ここ1か月のあなたのレシートをすべて私に見せてください。あなたの食べた物、行った場所、プライベートの過ごし方、趣味や習い事まで、すべてが丸見えです。ちょこちょこ買いの頻度や買い物をした時間を見れば、ライフスタイルも手に取るようにわかります。

どんなによくあたると評判の占い師さんより、レシートを見たほうが、ありのままのあなた自身が映って見える。それが「お金」というものなのです。

だから、自分らしい人生を送るために、お金とどうつきあうかはとっても大事。お金が貯められれば、夢をかなえるための選択肢も広がり、お金を自分らしく使えれば、毎日がより楽しくなり、お金をじょうずに増やせれば、将来の不安をぐんと減らすことができるからです。

そして、お金について学ぶことは、あなたの知性を磨くことにもつながります。マイホームや保険、投資について学ぶことは、世の中の流れや経済の仕組みを学ぶことでもあるからです。

「オトナ女子」。
それは、知性を身につけ、お金とじょうずにつきあえる女性。
この本を読むことから、そんなオトナ女子への第一歩が始まります。

お金の習慣チェックリスト

○ お金が増える習慣

銀行口座は２つ持つ

お給料が振り込まれ、毎月の生活費をやりくりするための口座と、貯蓄用の口座。この２つの口座でシンプルに管理しましょう。

毎月、自動で先取り貯蓄する

月々のお給料が振り込まれたら、すぐに２割を自動的に貯蓄用口座に移す仕組みを作りましょう。「まず貯蓄して、残ったお金で生活する」のがカギ。

ネット銀行をじょうずに活用する

ネット銀行は、金利が0.05％〜0.2％と、メガバンク（0.02％）より高いのが特徴です。貯蓄用の口座はぜひネット銀行に作って。

クレジットカード払いでポイントを貯める

現金よりもカード払いにしたほうが、ポイントもどんどん貯まり、明細管理も楽々。ただし１回払いを原則に！

積立の投資信託をする

貯蓄と並行して、投資信託の積立をぜひ検討して。長期的に運用するほどリターンは安定するので、若い人にこそ向いている投資です。

財形貯蓄、NISA、確定拠出年金などの制度を使う

税金の優遇を受けられる制度を知って、効率よく貯めましょう。一見難しそうですが、やってみると簡単！

知らずとやっているその習慣、得する？ 損する？

損をなくしてお金を増やす！

× 損する習慣

クレジットカードを何枚も持つ

年会費がかかっているカードはもちろん、普段の行動範囲で使わないカードも退会して。2枚に絞り、効率よくポイントを貯めるのが原則です。

お金は定期預金に預けるだけ

銀行に預けっぱなしにするだけではお金は増えません。知識を身につけて一部を投資に回せば、年3%～5%のリターンを得ることも難しくはありません！

しばらく通帳に記帳していない

最低でも月1回は記帳をして、出入金を把握しましょう。「不要なサービスにお金を払い続けていた！」というような無駄が減らせます。

貯蓄型の保険に入る

貯蓄型の保険は毎月の保険料が高く、途中で解約すると元本割れに。保険に入るならシンプルな掛け捨て型にしましょう。貯蓄が300万円以上あれば保険に入らなくてもOK！

住宅ローンの繰り上げ返済を急ぐ

無理して繰り上げ返済をするよりは、貯蓄をすることを優先して！ 住宅ローンは低金利なうえ、税金の優遇もあるので、実際の金利負担はそれほど大きくありません。

投資はこわいけど宝くじは買う

「株」や「投資信託」に尻込みする一方で、宝くじを買っていませんか？ 宝くじはかなり還元率の少ないギャンブル。大切なお金の使い道を再考しましょう。

目次

はじめに 2
損をなくしてお金を増やす！ お金の習慣チェックリスト 4

1章 未来が大きく変わる！ お金の大切な話

未来を描ければ、お金の不安は消える 16
貯蓄はいくらあれば安心？ 18
女性のライフステージと貯蓄目標 20
みんなはいくら貯めてるの？ 22
お金の現状を書き出してみよう 24
保険と貯蓄、どっちが大事？ 26
保険は掛け捨て型を選ぼう！ 28
公的医療保険の保障にはどのようなものがある？ 30
公的保険だけの場合、入院したらいくらかかる？／健康保険でカバーされないものは？ 31
死亡したとき、公的保障でどこまでカバーされる？ 32

医療保険を選ぶポイント／生命保険に入るなら？ 33
マイホームと賃貸、どっちがお得？ 34
「買っていい」のは、どんな家？ 36
自己資金は購入価格の3割が理想 38
タイプさまざま・住宅ローンの種類 40
金利は固定？ 変動？ どっちがいい？／住宅ローンを組む際のポイント 41
結婚にはいくらかかる？ 42
Column 1 共働き？ 専業主婦？ 悩んだときは… 44
子育てには一人2600万円かかる！ 46
子どもの教育にかかるお金 48
公的年金だけでは生活できない！ 50
老後には3000万円が必要 52
死亡時にかかる費用はいくら？／介護にかかる費用は？ 54

Column 2 公的な手当にはどのようなものがあるの？ 55
Column 3 この先、私たちの生活は苦しくなる!? 56

2章 お金が勝手に貯まる！ たったこれだけのルール

貯まる人はルールを知っている 58
お金を貯めるコツは「節約」ではない 60
銀行口座は2つ持つ！ 62
Column 4 銀行ってどんなところ？ 自分にぴったりの銀行を見つけよう 64
ネット銀行を活用しよう！ 66
オススメ！ ネット銀行一覧 67
全自動化で先取り貯蓄をする！ 68
ざっくり家計簿を月に1回つけて！ 70
理想の家計バランス 72

Column 5　会社員・自営業者のお金のこと …… 73
お金が入ってくるのはこんな財布！ …… 74
クレジットカード払いがお得！ …… 76
クレジットカードは2枚持とう …… 78
普段使いのクレジットカードを選ぶ3つのポイント …… 79
こんな人にはこんなカードがオススメ！ …… 80
ボーナスは半分貯蓄する！ …… 82
貯蓄じょうずな人の7つの習慣 …… 84
Column 6　楽しく貯める「積立」 …… 86

3章　知らなきゃ損！ ラクして得する節約

節約はがんばらないことがコツ …… 88
通帳記帳で無駄な出費が減る！ …… 90

節約の最大のポイントは固定費 92
食費はストレスフリーで減らそう 94
スマホ代は月3000円以内にできる！ 96
格安スマホ・格安SIM一覧 97
貯めてる人は、お得に楽しむ！ 98
ラクして効果大！ おうちの節約術 100
もっとラクして！ プチ節約術 102
Column 7 お得に楽しむ！ ふるさと納税 103
その保険料、払いすぎでは？ 104
どんな保険を見直すべき？ 106
Column 8 収入減、失業に備えるには？ 107
住宅ローンは急いで返さなくてもいい 108
無駄遣いしない自分になれる4つの作法 110
Column 9 無駄遣いはない？ 節約徹底チェックリスト 112

4章 早く始めて！ コツコツ投資信託のススメ

投資をしないことがリスクになる時代 …… 114
「投資」ってこわくない!? …… 116
投資は「賭け」じゃない！ …… 118
コツコツ投資は早く始めたほうがいい …… 120
あなたのライフプランは？ …… 122
お金を増やす「72の法則」って何？ …… 124
72の法則で目標を立ててみよう／単利と複利でどこまで差が出る？ …… 125
貯蓄だけではお金は増えない！ …… 126
投資信託の仕組みを知ろう …… 128
収入の1割を投信積立するのがイイ！ …… 130
リスクにもしっかり対抗しよう …… 132

資産分散、具体的には何を選べばいい？ 134
時間分散はどれだけお得？ 135
年3%リターンを目指そう 136
投資は「100円」でもできる！ 138
投資信託はこうやって始める！ 140
この投資信託を買うといい！ 142
オススメのバランスファンド 143
自分に合った投資信託を選ぶには？ 144
初心者こそ、ネットで購入して！ 146
どこの証券会社がいいの？ 148
オススメのネット証券 149
今すぐ口座を作ってみよう 150
ネットで口座開設、どうするの？ 151
NISAやiDeCoって何？ 152

投信積立ならNISAで！ 154
iDeCoが有利な人は？ 156
投資信託の4つのキーワード 158
Column10 私にぴったりの投資は？ 早わかりガイド 159

5章 オトナ女子必見！ お金を増やすならコレ！

もっと投資のことを知りたい人へ 164
株式投資ってどういうもの？ 166
女子だからこそ、株式がイイ！ 168
どうしたら株式で利益を出せる？ 170
株式の売買の方法は？ 172
魅力いっぱい！ 株主優待 174
女子にオススメ！ 魅力的な株主優待 175

知って得する！　株式のプチ知識 176
もっとお金を増やしたいときは？ 178
旅好き女子こそ、海外投資！ 180
Column 11 投資にも、恋愛と同じで相性がある!? 182
知識があればリスクは管理できる 184
こんな投資は、してはいけない！ 186
「自分への投資」にお金と時間を使おう 188
Column 12 困ったときは誰に相談する？ 190
今すぐ始める！　お金を増やすためのＴｏ Ｄｏリスト 191

イラストレーション……フカザワナオコ
装丁……小口翔平＋岩永香穂（ｔｏｂｕｆｕｎｅ）
本文デザイン……フラミンゴスタジオ
ＤＴＰ……センターメディア
構成……中村麻美
編集……大西史恵

1章
未来が大きく変わる！
お金の大切な話

未来を描ければ、お金の不安は消える

「将来のお金のこと、今のままでいいの？」

ぼんやりとした不安はあるものの、毎日の生活に追われてなんとなく過ごしている人も多いのではないでしょうか。お金の心配や不安事は、誰かに相談するのも難しいし、自分でもどう考えていいかわからないという人も少なくないはず。

考えてみれば不思議ですよね。私たちは、お金がなければ生きていけません。それなのに、お金の使い方や増やし方について、誰も教えてくれないのです。

お金の不安は、今の生活と将来の生活の不安につながりま

す。お金を味方にできれば、解消できる不安はたくさんあります。

お金の勉強は、ライフステージごとに必要になるお金を知ることから始まります。ライフステージごとのゴールが見えれば、あとはそのゴールに向かって一歩一歩踏み出せばいいのです。進む方向とやるべきことがわかれば、漠然とした不安から抜け出せます。

自分が望む未来への地図を手に入れた、と考えてみましょう。できることを一つずつ始めて、お金を味方にしていきましょう。そして、素敵で豊かな生活を楽しんでもらいたいと思います。

貯蓄はいくらあれば安心？

お金があれば人生の選択肢が増える

突然ですが、「私、しっかり貯金（貯蓄）できてます！」と、自信を持っていえますか？

そういえる人は、少ないのではないかと思います。**「貯蓄はいくらあればいいの？」**――こう疑問に思っている人も多いでしょう。

貯蓄はなぜ大事なのでしょうか。それは、私たちの人生は、お金を持つことで選択肢が増えるからです。

これからの私たちには、たくさんのライフイベントが待ち構えています。転職、結婚、出産、子育て、また、家を購入することもあるかもしれません。そんなとき、貯蓄があれば、その分選ぶ「自由」が増えるのです。

まずは手取り3か月分 30歳までに年収分の貯金を！

独身の時期、特に20代は一生の中でも一、二番の「貯めどき」です。結婚や出産といった大きなライフイベントを迎えると、出ていくお金が膨らみ、思うように貯蓄ができなくなることがあります。その前に、コツコツ貯蓄を始めましょう。

20代ではまず、3か月分の生活費（月収の手取り金額×3か月分）を貯めるのを最低限の目標にしてみてください。これは転職や引っ越しなど、生活の変化を乗り切るためにも必要なお

金です。そして**30歳で、自分の年収と同じ額の貯蓄を作るのが目標です。**

老後の貯蓄は夫婦で3000万円を目指そう

まだ遠い未来のことのように感じる「老後のお金」ですが、いくらあれば安心だと思いますか？

残念ながらこれからの時代、支給される公的年金だけでは、とうてい足りないことは、はっきりしています。退職して収入が途切れるまでに最低でも、シングルで2000万円、夫婦二人で3000万円の貯蓄が必要になってきます。

何も備えなければ、不安な老後に一直線です。「安心」と「選択の自由」のために、今すぐ貯蓄生活をスタートしましょう。

目標

女性の一生には就職のほかに妊娠、出産といったライフイベントがあり、どれをいつ選択するかにより、ライフスタイルが大きく異なります。自分の一生について、考えてみませんか？

VS

65歳までにシングルで2000万円、
夫婦で3000万円貯めるのが最終的な目標！

60代

50代

育費・教育費が
からない、子どもが
立してからが一番の
めどき!!

退職

親の介護？

老後の生活

自分や配偶者の介護？

生涯年収を計算してみよう

- **正社員の場合**
  平均年収×労働年数＋退職金＝生涯年収
  平均年収300万円のA子さん(23)の場合
  …300万円×37年＋1800万円＝1億2900万円

- **派遣社員やパート、自営業者の場合**
  平均年収×労働年数＝生涯年収
  平均年収180万円のB美さん(23)の場合
  …180万円×37年＝6660万円

女性のライフステージと貯蓄

女性の年齢別平均給与

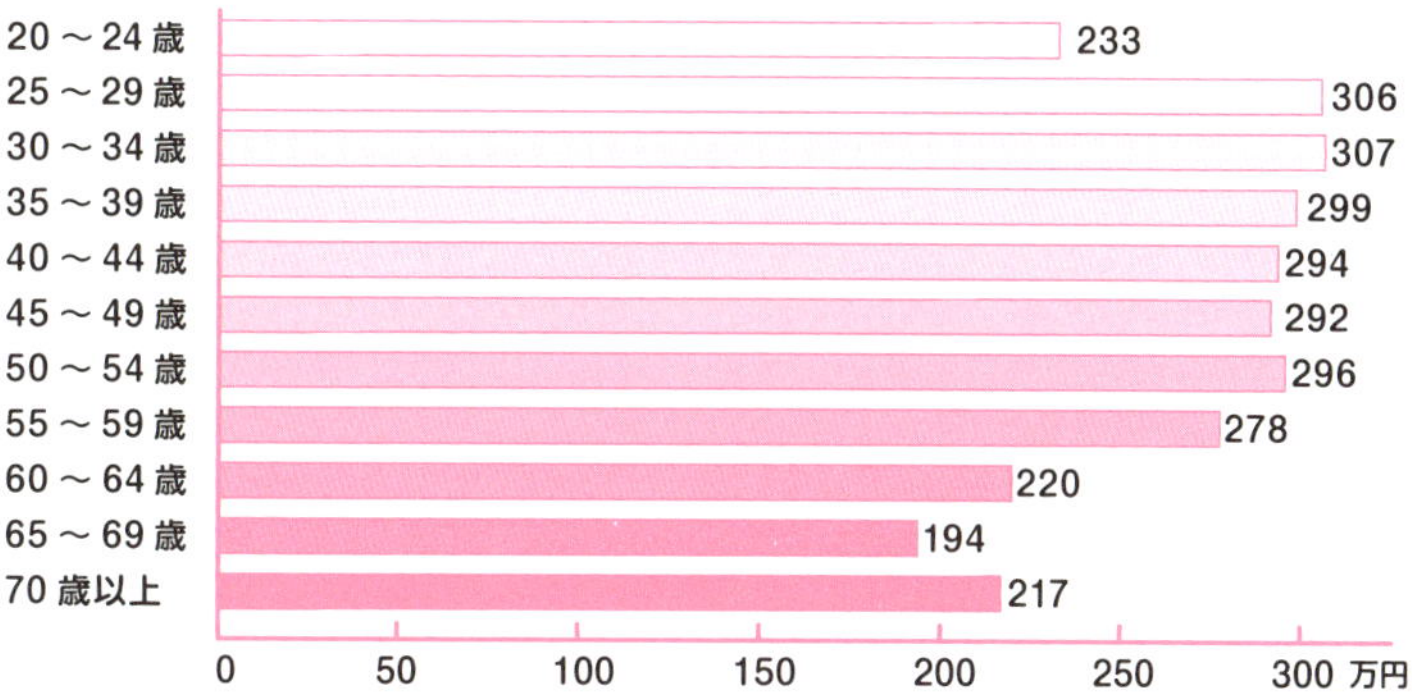

出典：国税庁長官官房企画課「民間給与実態統計調査」（2015年分）

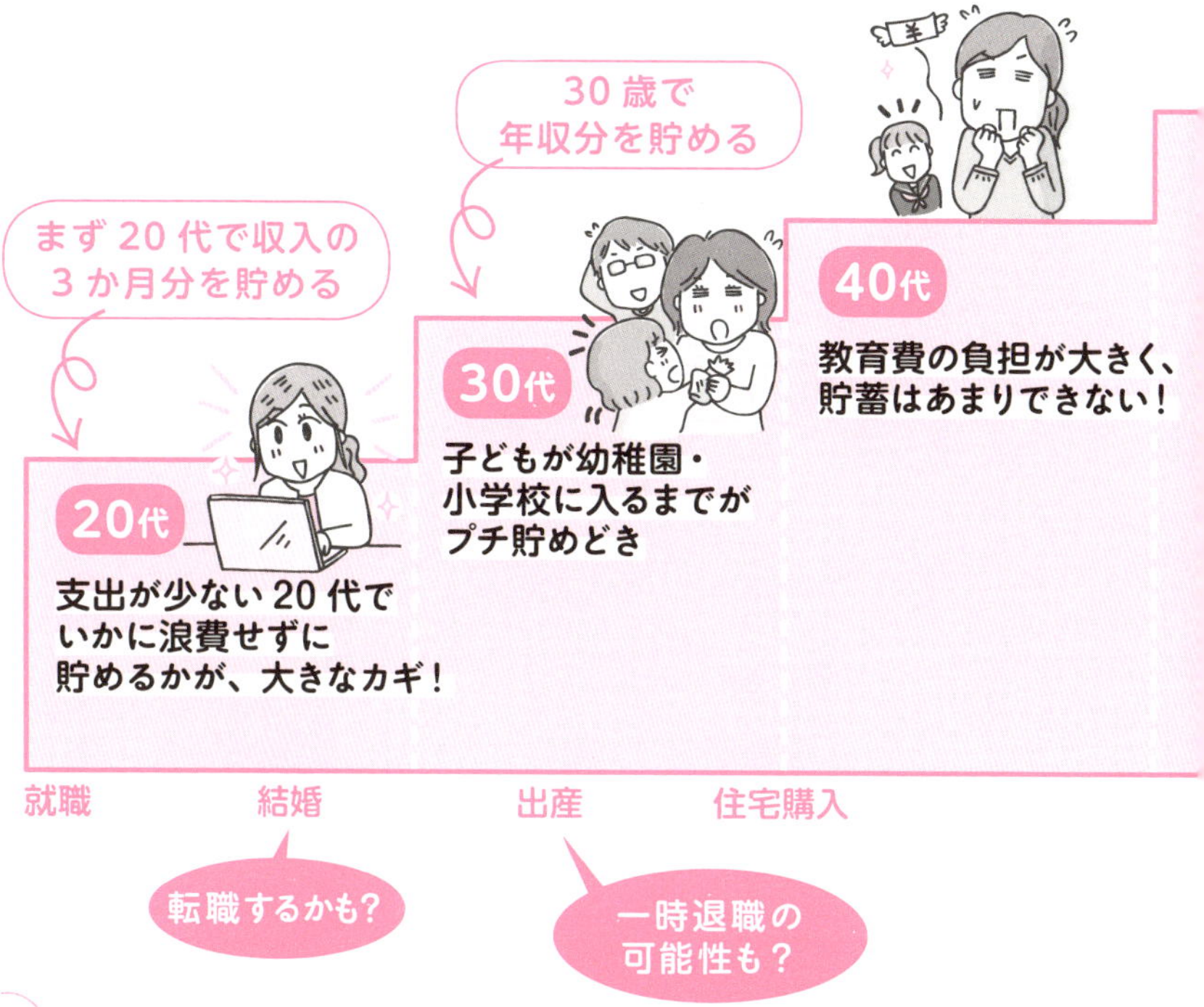

みんなはいくら貯めてるの？

20代シングルの預貯金額は85万円

「これから貯蓄するぞ！」と思ったときに、同世代の人が、どれくらい貯めているかは気になりますよね。

金融庁の調査では、**20代の預貯金平均はシングルで85万円、30代で323万円、40代で403万円**になります。一方、**ファミリー（二人以上）世帯では、20代で148万円、30代で233万円、40代で295万円**になります。

若いファミリー世帯は共働きで収入がダブルになる家庭が多い一方で、子どもの教育費などで、出ていくお金が多くなります。

「貯金」と「貯蓄」の違いはわかりますか？

銀行や郵便局に預けたお金を「預貯金」といい、預貯金のほかに、株式や投資信託、保険なども含めた資産のことを「貯蓄」といいます。

貯蓄額平均はシングル世帯の20代が116万円、30代が502万円、40代が789万円、ファミリー世帯の20代が184万円、30代が395万円、40代が588万円です。

貯蓄ゼロも多い半面、しっかり貯めている人も

このデータを見て、「え!? 私そんなに貯蓄ない！」と思うかもしれませんが、平均金額だけを見て、驚く必要はありません。貯蓄がたくさんある人によって、全体の数値が引き上げら

預貯金・貯蓄はいくらある？

※貯蓄額には株式・投資信託等を含みます

シングル

	平均預貯金額	貯蓄額	
		平均	中央値
20歳代	85万円	116万円	0円
30歳代	323万円	502万円	24万円
40歳代	403万円	789万円	0円
50歳代	549万円	1300万円	60万円
60歳代	790万円	1755万円	600万円

ファミリー

	平均預貯金額	貯蓄額	
		平均	中央値
20歳代	148万円	184万円	0円
30歳代	233万円	395万円	167万円
40歳代	295万円	588万円	200万円
50歳代	538万円	1128万円	500万円
60歳代	845万円	1509万円	650万円

出典：金融広報中央委員会「家計の金融行動に関する世論調査」（2016年）

れているからです。統計では、中央値を参考にしましょう。中央値とは「全体で一番多い金額」を表す数字のことをいいます。

たとえば30代シングルの平均貯蓄額は502万円ですが、中央値は24万円。つまり、**ほとんど貯蓄していない人が多い一方、貯めている人は貯めている、ということです。**

この貯蓄額には住宅などの資産や負債（車や住宅ローンなど）は含まれていません。一度、自分の資産や負債の現状も含めて、確認してみるといいでしょう（24ページ参照）。

POINT

純資産は『資産－負債』で求める

資産とは、現金や保険などのほかに、家や車など（売ったらお金になる額）も含まれたすべての財産のこと。純資産は、資産からローン残金や奨学金返済額などの負債（借金）を引いたものです。マイナスになっていたら要注意です。

お金の現状を書き出してみよう

資産と収支を把握し、家計を見直してみましょう。

[用語説明]

- **資産** …… 預貯金、株式、投資信託、不動産など、今持っている財産。
- **負債** …… 住宅ローンやカードローン、奨学金など、借りているお金。
- **純資産** …… 資産から負債を引いて、最終的に手元に残る財産。
- **収支** …… 毎月の収入や支出を中心とした入ってくるお金と出ていくお金。

シングルA子さん(27)の場合

資産・負債の現状

資産	預貯金	120万円	
資産	生命保険の解約返戻金	12万円	…今解約したら手元にくるお金
負債	カードローン	5万円	…分割払いの残金
負債	奨学金	160万円	…総額240万円－すでに返した80万円
純資産		**(－)33万円**	…資産132万円－負債165万円

1か月の収支の現状

収入	給与	20万円
支出	生活費	19万円
収支		**(＋)1万円**

夫婦、子1人のB子さん(36)の場合(世帯)

資産・負債の現状

資産	預貯金	380万円	
資産	生命保険の解約返戻金	37万円	
資産	投資信託	9万円	
資産	住宅	2000万円	…家、土地ともに今売ったときの価格
負債	住宅ローン	1890万円	…残っているローン返済額
純資産		**(＋)536万円**	…資産2426万円－負債1890万円

1か月の収支の現状

収入	給与	56万円
支出	生活費	46万円
収支		**(＋)10万円**

数年ごとに資産と収支の状況を把握し、家計の見直しを行ないましょう。資産には下のようなものが含まれますが、保有していない場合は「0」を記入しましょう。

資産・負債の現状

		年	年	年
資産	預貯金			
	生命保険の解約返戻金			
	個人年金保険			
	債券			
	株式			
	投資信託			
	財形貯蓄			
	その他金融商品			
	住宅			
	車			
	貸付金			
	その他			
負債	カードローン			
	住宅ローン			
	車のローン			
	奨学金			
純資産				

収支の現状

収支	給与				
支出	生活費				
収支					

保険と貯蓄、どっちが大事？

貯蓄があるなら保険は不要！

突然けがをしたり、病気になったり……。「もしも」のときのために、保険に入ったほうがいいような気がしますよね。でも、**貯蓄が300万円以上あれば、とりあえずほとんどの場合に対処が可能です**。貯蓄で医療費が賄えますし、貯蓄は「もしも」のとき以外にも使えます。

とはいえ、貯蓄は徐々にしか増えていきません。一方、保険は加入した瞬間に、まとまった保障が得られます。**まだ貯蓄が少ない人は、必要最低限の保険に入ることを検討しましょう**。

20代であれば、月額の保険料が2000円程度のシンプルな掛け捨ての医療保険にひとつ入っておくのがおすすめです。

手厚い公的保険で医療費のほとんどをカバー

私たちは、健康保険や、国民健康保険、年金などの公的な保険に加入しています。

これにより、仮に入院・手術で1か月の医療費が100万円かかったとしても、自己負担額は3割の30万円で済みます。

さらに、高額療養費制度という、自己負担の上限を超えた分は払わなくてもよい制度を利用すれば、**実際の負担額が約9万円を超えることはほとんどありません**。日本の公的保険制度がすばらしいといわれるゆえんですね。

公的保険の保障のほかに、何が本当に必要なのか、絞り込んで考えましょう。

預金は三角、保険は四角

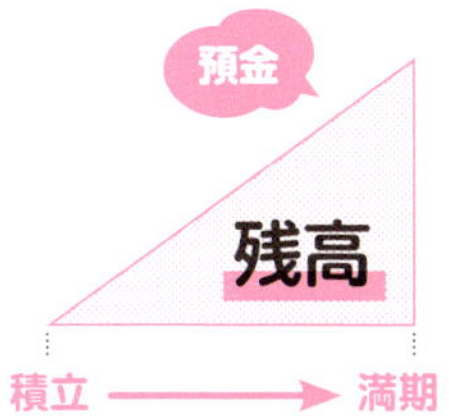

年月が経つごとに貯蓄は増えるので右肩上がりの三角形に。

メリット

・元本が保証されている

・いつでも好きな用途で使える

デメリット

・金利が低く、ほとんど増えない

・インフレにより目減りする心配がある

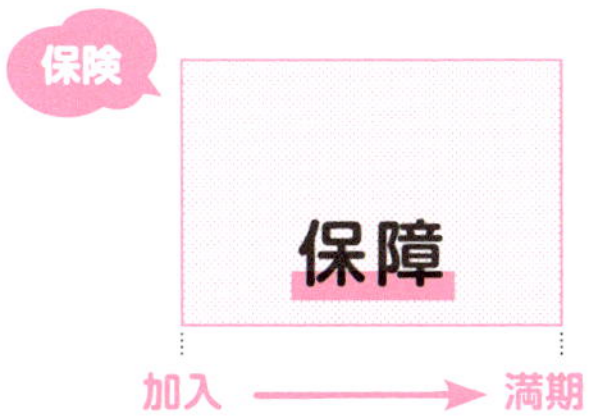

加入した時点から、受け取れる額（保障額）が一定なので四角形に。

メリット

・精神的な安心感がある

・手元にお金がほとんどなくても「もしも」のときにしっかり備えられる

デメリット

・元が取れない場合が多い

・「もしも」のときにしか使えない

保険は掛け捨て型を選ぼう！

掛け捨て型は保険料が安い！浮いたお金で貯蓄を

解約をしてもお金が戻ってこない保険のことを「掛け捨て型」といい、解約時や満期になったらまとまった額のお金が受け取れる保険を「貯蓄型」といいます。**もし保険に入るなら、掛け捨て型にしましょう。**

保険料が安いのは、掛け捨て型のほうです。掛け捨て型と貯蓄型の保険料を比べてみると、貯蓄型が5〜6倍も高くなります。若いころの保険料は、貯蓄型は掛け捨て型の10倍近くになることもあります。

でも、貯蓄型と比べて掛け捨て型では「なんだか損をしている気がする」と感じるかもしれません。

確かに貯蓄型は、満期まで解約しなければ、払った保険料よりも3〜15%くらいお金が増えて戻ってきます。でも、**途中で解約すれば、解約返戻金は基本的に元本割れし、70%ほどになってしまうことも**あります。

医療保険には日帰り入院やお祝い金、女性疾病特約など、さまざまな保障が用意されていますが、公的な医療保障でも十分対応できるので、必ずしも必要ありません。

若いときに、無理して保険料を払ってまで遠い将来にリターンを得るよりも、**掛け捨て保険で保険料を少なく抑え、残りのお金を貯蓄と投資に回せば、将来的には、もっと大きなリターンが期待できます。**

掛け捨て保険は解約、見直しも簡単

　貯蓄型の保険は、途中で解約すると元本割れするので、保障の見直し・乗り換えが難しいというデメリットもあります。年々、保障内容の充実した、安い保険商品が次々に出ています。保険の見直しができないということは大きな損です。

　一方、掛け捨て保険は、見直し・乗り換えも簡単です。貯蓄が増えたときに解約することもできますし、結婚や出産というライフステージに合わせて、**そのときに欲しい保障を手に入れることもできます**。

これだけある！保険の種類

誰もが入らなければならない公的保険のほかに、目的に合わせて任意に加入する私的保険があります。公的・私的保険の種類をおさらいしましょう。

私的保険＝民間の保険会社による保険

●生命保険
定期保険
終身保険
養老保険など

●損害保険
自動車保険
火災保険
旅行保険など

●第三分野
医療保険　がん保険　傷害保険など

公的保険＝強制加入の社会保険

●健康保険

●介護保険

●年金保険
厚生年金
国民年金

●労働保険
雇用保険
労働者災害補償保険

公的医療保険の保障にはどのようなものがある？

●医療費自己負担額軽減
医療費のうち 7 割を健康保険が支払い、窓口での自己負担を 3 割とする制度。

●高額療養費制度
医療費の自己負担額が高額になる場合、一定の自己負担の上限を超えた部分を払い戻してくれる制度。

ひと月の上限額（69 歳以下）

年収 約1160 万円以上	25万2600円＋(総医療費-84万2000円)×1%
年収 約770 万円～1160 万円未満	16万7400円＋(総医療費-55万8000円)×1%
年収 約370 万円～770 万円未満	8万100円＋(総医療費-26万7000円)×1%
年収 約370 万円未満	5万7600円

●出産育児一時金
被保険者や、その被扶養者が出産した際に、子ども 1 人につき、35 万円～ 42 万円支給される制度。

●傷病手当金（会社員と公務員のみ）
治療のために仕事を休んだ場合、1 日につき日給の 3 分の 2 を支給。
【仕事を休み始めて 4 日目から最長 1 年 6 か月まで】

●出産手当金（会社員と公務員のみ）
出産のために仕事を休んだ場合、1 日につき日給の 3 分の 2 を支給。
【出産日以前 42 日～出産翌日以後 56 日目まで】

公的保険だけの場合、入院したらいくらかかる？

入院費の総額から、食事代などの保険適用外を引いた医療費総額の3割が自己負担になりますが、さらに高額療養費制度が、自己負担限度額を超えた分をカバーしてくれます。実際に支払うのは……？

【例】年収360万円、新入社員のA子さん(22)の場合

入院費総額　46万円

保険適用外　1万円【差額ベッド代、食事代、消耗品代、保険適用外の診療・検査料など】

医療費総額　45万円……健康保険が支払う費用　31万5000円(7割)
自分が支払う費用　13万5000円(3割)
高額療養費制度の自己負担の限度額…5万7600円

自分で支払う額は

→5万7600円＋保険適用外 1万円＝ **6万7600円**

【例】年収520万円、B美さん(32)の場合

入院費総額　205万円

保険適用外　5万円

医療費総額　200万円…健康保険が支払う費用　140万円(7割)
自分が支払う費用　60万円(3割)
高額療養費制度の自己負担の限度額…
8万100円＋(総医療費－26万7000円)×1%＝9万7430円

自分で支払う額は

→9万7430円＋保険適用外5万円＝ **14万7430円**

健康保険でカバーされないものは？

診療には、健康保険の適用になるものとならないものがあります。
下記のものは、全額自己負担になります。

- 先進医療の技術料
- 美容整形
- 審美目的の歯科治療
- 自然分娩での出産、出産前の検査
- 乳がんの乳房温存療法の一部
- 差額ベッド代
- 人間ドック、健康診断、予防接種など

死亡したとき、公的保障でどこまでカバーされる？

死亡したときに遺された家族に支給されるのが生命保険ですが、生命保険でカバーするべきは、「生活費」「住宅費」「子どもの教育費」「葬式費用」の４つ。生命保険への加入を検討する前に、公的保障の遺族年金でどれだけ支給されるのかを見ていきましょう。

【例】一家の大黒柱であるＡ子さん(38)が死亡した場合

※平均報酬月額が月 35 万円、年金の滞納なしに勤務していた場合

	自営業者世帯	会社員・公務員世帯
対象者	死亡した者によって生計を維持されていた①子のある配偶者　または②子	死亡した者によって生計を維持されていた①配偶者　または②子　③父母　④孫　⑤祖父母
もらえる年金の種類	遺族基礎年金	遺族基礎年金＋遺族厚生年金
支給要件	18 歳到達年度の末日（3 月 31 日）を経過していない子どもがいる場合に限る。	30 歳未満の子のない妻は、5 年間に限る。
遺族基礎年金額	77 万 9300 円＋子の加算【第 1 子・第 2 子　各 22 万 4300 円／第 3 子以降　各 7 万 4800 円】	77 万 9300 円＋子の加算【第 1 子・第 2 子　各 22 万 4300 円／第 3 子以降　各 7 万 4800 円】
遺族厚生年金額	－	45 万 2945 円

【合計支給額】	自営業者世帯	会社員・公務員世帯
子ども 1 人の場合	100 万 3600 円	145 万 6545 円
子ども 2 人の場合	122 万 7900 円	168 万 845 円
子どもがいない 30 歳～ 40 歳未満の期間	－	45 万 2945 円
子どもがいない 40 歳～ 65 歳未満の期間	－	103 万 7445 円

医療保険を選ぶポイント

公的医療保険で足りない分だけをカバーすることを考えましょう。

●目的は何？
たとえば保険適用外である、長期入院した場合の
差額ベッド代や、先進医療の技術料など？

●今あるお金のうち、いくらまで使える？
もしものときに、自由に動かせるお金はいくらある？

〔 医療保険を比べるポイント 〕

●保険料
家計における全体の保険料総額は子ども 2 人の家庭で 6%以内に

●入院給付金の日額
1 日あたりの入院給付金の目安は 5000 円～ 1 万円

●入院の支払限度日数
若いうちは短くてもいいけど、高齢の場合は 60 日～ 120 日を目安に

●保障期間と保険料払込期間
65 歳までに一生分の保険料を払い終える終身タイプだと後が楽だが、保険料は高め

生命保険に入るなら？

今あるお金で足りない分を補いましょう。

●遺された家族のために必要なのはいくら？
配偶者の収入はどのくらい？　生活費はどのくらいかかる？
教育費はどのくらい必要？

●今あるお金（貯蓄）、将来入ってくる
お金（遺族年金など）はいくら？
貯蓄はいくらある？　遺族年金はいくら支払われる？

生命保険のタイプ

定期保険
保険期間内に死亡すると、死亡保険金が支払われる。いわゆる「掛け捨て」なので、保険料は安い。ただし、保険期間が終わってもお金は戻ってこない。

終身保険
死亡保障が一生続くが、保険料は高い。途中で解約しても解約返戻金が戻ってくる。

養老保険
保険期間内に死亡した場合は死亡保険金が支給され、満期時には満期保険金が受け取れる。

マイホームと賃貸、どっちがお得？

購入と賃貸の メリット・デメリット

マイホーム購入と賃貸、住むならどちらがいいでしょうか。まずは、それぞれのメリット・デメリットを比較してみましょう。

賃貸は転勤や転職があっても住み替えができ、家族構成の変化にも対応しやすいというメリットがあります。一方、**老後も家賃を払い続けなければなりません**。

マイホームは、ローン完済後は老後の住まいの心配がありません。ただし、**税金や修繕費などの費用がかかり、転勤の際に引っ越しがしづらいなどのデメリットがあります**。

物件の 支払総額と財産価値は？

左の表を見ながら、お金を軸に考えてみましょう。支払総額で見ると、**賃貸よりも戸建てまたはマンション購入のほうが安くなることが多いでしょう**。

ちなみに、マンション購入の場合は毎月修繕積立金と管理費の支払いがあります。マンションの修繕積立金と管理費はローンを払い終わった後もなくなりません。

購入価格が戸建てと同じでも、最終的な支払金額は戸建てよりも高くなる場合が多いといえるでしょう。

マイホームと賃貸、トータルの経済負担は？

【例】東京郊外で 3LDK の家に住む場合

購入

購入代金4000万円／ローン3000万円（35年・1.3%）／マンションの修繕積立金・管理費は月2万円／維持費は戸建てで年15万円・マンションで5年ごとに20万円

賃貸

家賃月12万5000円／更新料2年ごとに家賃1か月分

	戸建て購入	マンション購入	賃貸
メリット →	売り渡すことで資産になる	売り渡すことで資産になる	住み替えがしやすい
デメリット →	まとまったリフォーム代が別途かかる	ローン返済後も修繕積立金・管理費がかかる	別途賃料の値上げがあったり、老後も家賃を払い続けることに

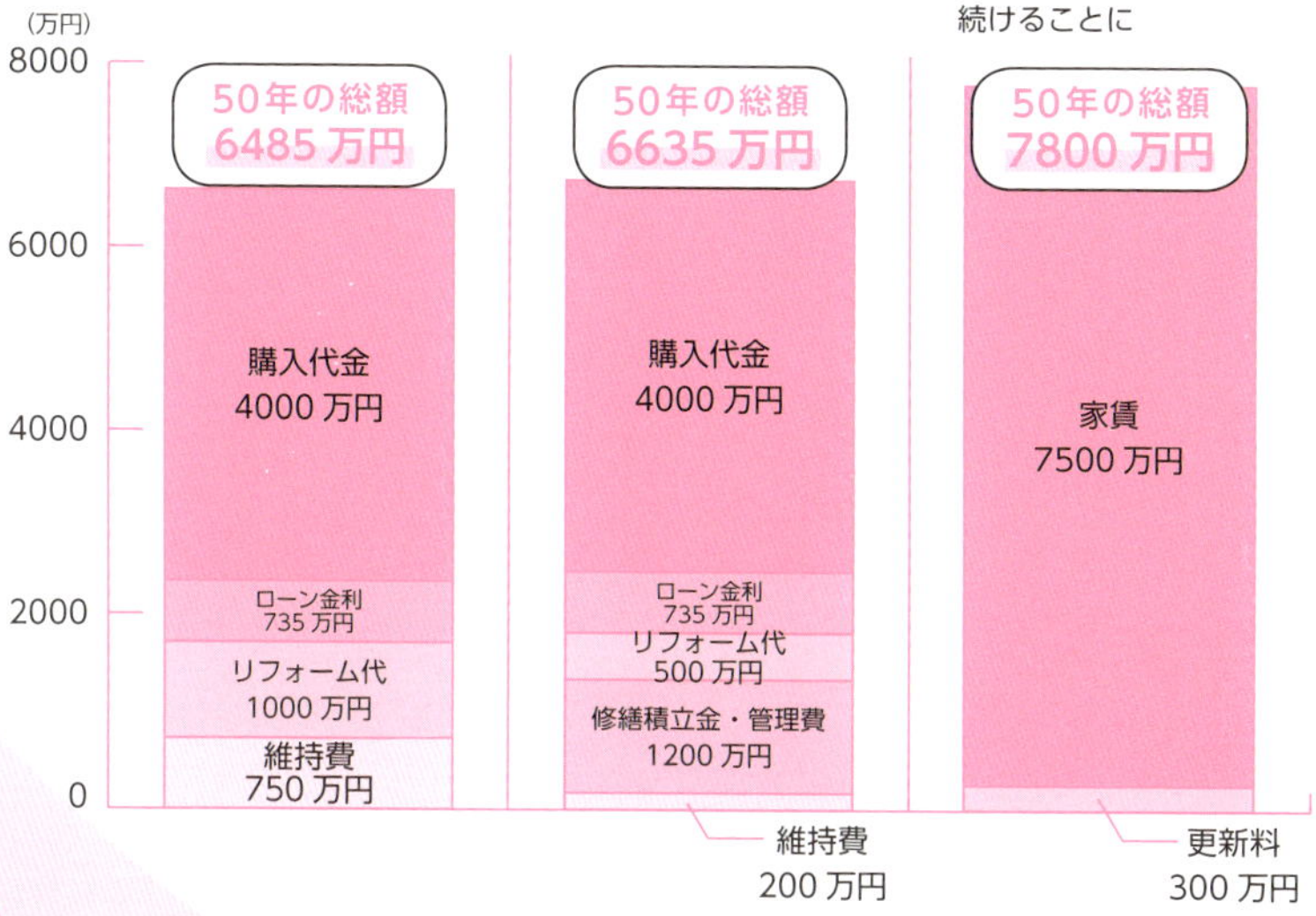

「買っていい」のは、どんな家？

お買い得かを判断できる 2つの基準

「家賃と月々のローンが同じくらいなら、買ったほうが得よね？」と、多くの人は考えますよね。

でも、すべてのマイホームがお得なわけではありません。**完済したときには財産としての価値が下がっていた**、なんてこともあります。

次の2つの判断基準にそって「お買い得」かどうかの判断をすれば、大きな失敗は防げます。

① **購入価格が想定家賃の200倍以内**
② **30年後に資産価値が7割残る**

定年までに ローン完済できるプランで買う

家を買うタイミングも重要です。**「家族構成が変わった後に買う」**、または**「家族構成を視野に入れてから買う」**ことをおすすめします。

もうひとつ大事なのが、**「定年までにローンが終わるプランで買う」**ということです。60歳でリタイアするなら、60歳で完済できるプランで、毎月のローンが払えるかを計算してみましょう。

ローンが終わってからの時間が長いほどお買い得、という考え方もできます。老後の住宅費用の負担を大きく減らしてくれるからです。

家選びの２つの法則！

買いたい家が見つかったら、周辺の「同じ駅」「同じエリア」で「同じ間取り」「同じ築年数」の物件の家賃相場を調べましょう。

❶ 200倍の法則

購入を検討している物件と同じような条件の賃貸物件の相場を調べましょう。

〔例〕購入価格 2400 万円の物件

●家賃相場が 15 万円なら…
15 万円× 200 倍＝ 3000 万円
≧ 2400 万円なのでお買い得！

●家賃相場が 11 万円なら…
11 万円× 200 倍＝ 2200 万円
≦ 2400万円なのでお買い得とはいえない！

➡ 購入価格が【想定家賃×200倍】以下ならお買い得！

❷ 30年後も価値 7割の法則

新築の物件の購入を検討している場合は、同じような条件の築 30 年の中古物件の相場を調べましょう。

〔例〕購入価格 4800 万円の新築

●築 30 年の中古物件相場が
3500 万円なら…
4800 万円× 7 割＝ 3360 万円
≦ 3500 万円なのでお買い得！

●築 30 年の中古物件相場が
3000 万円なら…
4800 万円× 7 割＝ 3360 万円
≧ 3000 万円なのでお買い得とはいえない！

➡ 築30年の中古物件相場が【新築価格の7割】以上ならお買い得！

自己資金は購入価格の3割が理想

「欲しい家」じゃなくて「買える家」

家を買うと決めたとき、まず考えなくてはならないのが**「いくらの家なら買えるか」**ということです。

つまり、自分の収入と自己資金、ローン金額から、購入する家の価格を先に決めるのです。月々の返済は、手取りの20%～25%が目安です。

「この家が欲しい」というところから始めてしまうと「がんばれば返済できるかも」と考えてしまいがちですが、そのことによって「高いローン」を一生払い続けることになります。

ローン期間が長ければ、その分支払う金利も多くなるのです。

頭金は多ければ多いほどいい？

では、購入時に払うお金はいくらにすればよいでしょうか。

最近は、頭金0円でマイホームを購入することもできますが、安易に飛びついてしまうのは危険です。お金を貯められない人ほど、予算を決めて計画的に支払う心構えを持ちましょう。

マイホームを購入する際の自己資金は、購入価格の3割が理想です。2割はそのまま物件の頭金に、1割は購入時の諸費用に当てます。

実は新築でも、物件の実際の価値は販売価格の7～8割ほどなのです。広告費や人件費が上乗せされているからです。3000万円の家な

マイホームの支払い計画は？

【例】年収500万円のA子さん(30)一家が
3600万円の物件を購入した場合

物件の頭金 ……720万円【物件購入価格の２割】

諸経費 …………360万円【物件購入価格の１割】

★自己資金として1080万円が必要！

住宅ローン …………2880万円

【都市銀行、固定金利1.3%、35年ローンの場合】

毎月の返済額8万5386円×12か月＝年間の返済額102万4632円

★毎月のローン返済額は手取り収入の20%～25%に収めるのが理想的！

ら、実際の価値は２１００万円～２４００万円です。自己資金が１００万円しかなければローンは２９００万円。これは、**「家を売ってもローンが残る」という状態**なのです。

もちろん最初に払うお金が多ければ多いほど、ローン金額は減りますが、貯蓄のすべてを払ってしまうと、予期せぬトラブルや災害のときに対応できません。いざというときに困らないように、３割を目標にしながら、バランスをとるといいでしょう。

POINT
住宅購入の諸経費って？

物件価格のほかにかかる経費のこと。ローン契約時にかかる事務手数料、ローン保証料、火災・地震保険料、登記にかかる司法書士報酬、登録免許税、不動産取得税、印紙税、仲介手数料などがあります。

タイプさまざま住宅ローンの種類

住宅ローンには大きく分けて、公的な融資と民間による融資があります。それぞれに異なる条件があり、内容も違います。

	公的融資		民間融資	
	自治体融資	財形住宅融資	フラット35	都市銀行 地方銀行 信用組合 住宅ローン専門会社 生命保険会社など
条件	その自治体に居住または勤務しており、住民税の滞納がない人	財形貯蓄を1年以上続け、残高が50万円以上ある人	借り入れ申し込み時、満70歳未満で収入条件をクリアした人	年齢、勤続年数、収入が一定の条件を満たす人
特徴	地方自治体による直接融資のほか、自治体が特定の金融機関を紹介する形で有利な融資を受けられるようにしたり、金融機関からの住宅ローンの金利の一部を、一定期間補助してくれたりする。	給与や賞与から天引きで積立をする財形貯蓄をしている人向け。金利タイプは5年ごとに金利が見直される「5年固定型」。会社によっては利子補給が受けられる場合がある。	民間の金融機関が利用者の住宅ローンを組み、その債権を住宅金融支援機構が買い取り証券化して、投資家から資金を得る仕組み。最長35年、全期間固定金利。	銀行や信用金庫などは変動金利型や固定金利選択型を中心に貸し出し、住宅ローン専門会社や生命保険会社などは全期間固定金利型が中心。金利タイプはさまざま。
有利な点	自治体が金利の一部を負担する利子補給がある。	民間の金利に比べて、比較的低い。	長期で金利が固定できる。	いろいろなタイプが選べる。

民間住宅ローンの一般的な審査基準

- 前年の税込収入が200万円以上
- 勤続年数1年以上
- 借入時の年齢が満20歳以上で満66歳以下
- 最終返済時の年齢が満80歳以下
- 団体信用生命保険に加入できる
- 指定の保証会社の保証を得られる

金利は固定？ 変動？ どっちがいい？

住宅ローンでもっとも頭を悩ますのは金利のタイプ選び。安定を選ぶか、将来のリスクはあっても安いときの金利で支払うか、じっくりと検討をしましょう。

	固定金利選択型	変動金利型	全期間固定金利型
タイプ	民間住宅ローン	民間住宅ローン	フラット35 民間住宅ローン
特徴	一定期間（3、5、10、15年等）は金利が一定。固定期間終了後に変動金利にするか、固定金利にするか選択する。	一定期間（通常半年に一度）ごとに適用金利を見直し、5年ごとに返済額の見直しが行なわれる（上昇率は25%を超えない）。	完済するまで、金利がずっと同じ。
メリット	固定型、変動型のメリット、デメリットがともにある	金利は低め	資金計画を立てやすい
デメリット		返済額が確定しない	金利は高め

住宅ローンを組む際のポイント

- 住宅ローンの借入総額は手取り年収の5倍まで
- 定年までにローンを完済できる
- 住宅購入後、100万円以上の貯蓄が残る
- 毎月の返済額は手取り収入の20%～25%に収める

結婚にはいくらかかる？

挙式から新婚旅行までで約600万円

大きなライフイベントのひとつである結婚。どれくらいの費用がかかるのか、気になりますよね。ゼクシィの調査によると、**挙式から新婚旅行までの平均費用は約600万円**だそうです。

でも、実際のところ、結婚にいくらお金をかけるかは、その人の考え方次第です。

結婚式を挙げないカップルも大勢います。結婚でもっともお金がかかるのが結婚式（平均約360万円）ですが、これはあくまで平均費用。**格安のプランも充実している**ので、大幅に減らすこともできます。

マイホームでも賃貸でも新居費の貯蓄は必須

結婚式や新婚旅行をするかは、パートナーと話し合って自由に決めればよいのですが、**新居の費用はある程度貯めておかないと、新生活のスタートでつまづきかねません**。

結婚をきっかけに新居を購入したいと考えているなら、新生活の準備に平均304万円の費用がかかります。賃貸にする場合でも、平均102万円が必要です。

新居の費用として、物件の頭金（購入の場合）、敷金・礼金（賃貸の場合）、引っ越し費用、家具購入費、家電購入費がかかります。

自分の予算と比較・検討をしましょう。

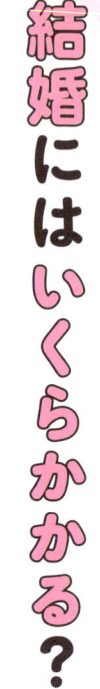

結婚にかかる費用

出典「ゼクシィ結婚トレンド調査 2016」
「ゼクシィ新生活準備調査 2016」

婚約関連の費用

相場161万円

婚約指輪 ………… 35.9 万円
結納会場費 ………… 14.2 万円
結納金 ………… 94.3 万円
結納品 ………… 16.9 万円
ほか

結婚式にかかる費用

平均359.7万円

挙式 ………… 31.5 万円
料理・飲み物 ………… 122.9 万円
ビデオ・ＤＶＤ ………… 18.9 万円
スナップ写真 ………… 22.3 万円
新婦：ウエディングドレス ………… 25.9 万円
　　カラードレス ………… 23.6 万円
ほか

式後にかかる費用

相場75万円

ハネムーン ………… 61.6 万円
お土産代 ………… 11.2 万円
結婚報告はがき ………… 0.9 万円
お礼・お返しの目安 ………… お祝金の5 割
ほか

新生活にかかる費用

平均304 万円（新居購入）
102 万円（賃貸）

新居の購入額（頭金） ………… 220.2 万円
賃貸費用（敷金・礼金） ………… 18.2 万円
引っ越し ………… 6.4 万円
インテリア・家具の購入 ………… 40.0 万円
家電製品の購入 ………… 37.4 万円
ほか

もっと知りたい！
column 1

共働き？ 専業主婦？ 悩んだときは…

結婚・出産後も働き続けるか、退職して家庭を支えるか……。悩むこともあるでしょう。そんなときに考えたいことは？

共働き世帯の月収

実収入　60万1524円

世帯主収入	世帯主の配偶者収入	その他
43万4811円 72.3%	13万8722円 23.1%	4.7%

出典：総務省統計局「家計調査結果」(2016年)

できるだけ働き続けて

結婚後も共働きを続けている多くの女性が退職を考えるタイミングが、出産ではないでしょうか。毎日の家事に加え、出産・育児をしながら働くのは、簡単なことではありません。「旦那さんの扶養に入っていたほうが、働くよりも得なのでは？」と思うこともあるでしょう。

でも、できることなら女性は仕事を辞めず、働き続けるのがおすすめです。働くことで選択の自由が増えるからです。

共働きのメリットは、なんといっても世帯収入が増えること。専業主婦世帯と比べると、平均でも毎月10万円以上も世帯収入が多くなっています。その分、子どもの進学や老後など、ライフプランの選択肢が増えます。

　女性が働くことのメリットはそれだけではありません。働くことで、家庭以外に自分の居場所を作ることができます。自分で収入を得ていることは、責任感や自信にもつながります。夫の収入を中心とした人生設計をするよりも、ずっと自由だと思いませんか？

　まずは産休、育休、短時間勤務、保育園やベビーシッターなどの制度をフルに活用してみましょう。

専業主婦世帯の月収

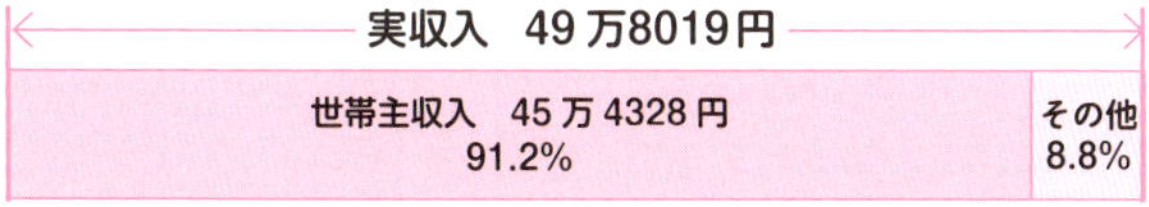

配偶者控除って何？

　どんなペースで働くか、悩んだときに注意が必要なのは、世帯の税金を減らす配偶者控除の存在です。女性（配偶者）の年収が103万円（2018年から150万円）を超えると、配偶者控除が受けられなくなります。また、130万円（大企業等では106万円）を超えると、夫の扶養から外れて自分自身の社会保険料を支払う必要があります。

　とはいえ、社会保険料を払うと短期的には手取りが減りますが、将来の年金がぐっと増えるなど、お得なこともたくさんありますよ。

子育てには一人2600万円かかる！

教育費はオール国公立でも1000万円

結婚して子どもが産まれたら、夫婦二人の暮らしよりずっと出費が増えます。子どもの学費はいくらかかるのでしょうか？

幼稚園から大学まですべて国公立で約1000万円、すべて私立だと約2150万円ほどです。国公立と私立では大きな差が出ます。

教育費だけでなく、日々の生活費（基本的養育費）もかかります。その費用は子ども一人につき1600万円といわれています。つまり、**子ども一人を育て上げるのに、最低でも2600万円かかる**ということです。

でも、一度に2600万円が必要というわけではありません。生活費（基本的養育費）と高校までの学費は、月々の収支の中でやりくりできれば大丈夫。

大学進学からの4年間がもっともお金がかかる時期なので、**大学進学の時期に向けて貯蓄をしましょう**。目標は、子ども一人につき400万円から500万円です。

働き続けることで生涯賃金は増える

子どもが二人いると、最低5200万円かかります。大きな金額ですよね。でも、夫婦二人の収入で賄うと考えれば、不安も小さくなります。

どれだけかかる？ どれだけ稼ぐ？

●**子ども1人の教育費…最低1000万円**

●**子ども1人の養育費…1600万円**

一番お金がかかるのは大学の4年間！

国立大学…242万円
私立文系…385万円
私立理系…525万円

出典：文部科学省「私立大学等の平成27年度入学者に係る学生納付金等調査結果について」

➡ **子ども1人に最低でも2600万円が必要**

〔生涯賃金〕	正社員（男）	2億6600万円
	正社員（女）	2億1800万円
	非正社員（男）	1億4700万円
	非正社員（女）	1億2100万円

出典：労働政策研究・研修機構（JILPT）「ユースフル労働統計2016」

大卒正社員男性の生涯賃金（定年までにもらう給与の総額）は約2億6600万円、同じく女性は2億1800万円です。**結婚・出産で退職しなければ、二人合わせた生涯賃金は4億8000万円以上になります。**

ポイントは、女性も仕事を辞めないこと。できれば、正社員として働き続けることが望ましいです。非正社員よりも生涯賃金がずっと高くなるからです。フルタイムでも、非正社員の生涯賃金は正社員の6割未満になってしまいます。

また、働き続けることで将来受け取る年金の額も増え、生涯収入（生涯賃金＋年金）が増えます。女性が仕事を続けることには、家計を支え、老後の収入も増えるという大きなメリットがあるのです。

子どもの教育にかかるお金

●学習費総額（年間）

※学習費総額は、授業料や図書教材費などの学校教育費、学校給食費、塾や習い事などの学校外活動費の総額を示し、端数は切り捨てています
出典：文部科学省「平成 28 年度 子供の学習費調査」

幼稚園

公立	
2 年	46.7 万円
3 年	70.1 万円

私立	
2 年	96.4 万円
3 年	144.7 万円

幼稚園では私立が公立の 2.1 倍になります。自治体によっては補助金が出る場合もあるので、よく確認をしましょう。

小学校

私立小学校では授業料が大きな割合を占め、私立が公立の 4.7 倍と開きが大きくなっています。学校外活動費＝塾や習い事に占める割合も大きくなります。

公立	193.3 万円
私立	916.9 万円

※ 6年間

中学校

公立	143.5 万円
私立	398.0 万円

※ 3年間

中学校は、小・中・高校の中でもっとも教育費がかかるときで、私立が公立の 2.8 倍になっています。学校外活動費は、公立と私立でほぼ同額かかっているようです。

高等学校（全日制）

高校の学習費の総額は、私立が公立の 2.3 倍です。学校教育費の中では特に、通学のための交通費などの通学関係費が、高校進学により膨らんでいるのが特徴です。

公立	135.2 万円
私立	312.0 万円

※ 3年間

●大学の入学料・授業料

出典：文部科学省「私立大学等の平成 27 年度入学者に係る学生納付金等調査結果について」

国公立大学の初年度経費

国立大学については国が示す標準額、公立大学は平均額で、それぞれ学部によって異なります。理系の国立大学では 1 年間で 107 万円の在学費用がかかるという別の調査（日本政策金融公庫）もあります。

	国立大学	公立大学
入学料	28.2万円	39.7万円
授業料（初年度）	53.5万円	53.7万円
初年度だけで…	81.7 万円	93.5 万円

自宅外通学者への仕送りは、年間平均で 145.1 万円です。下宿を考えている場合は、大学の 4 年間で 580 万円を超える費用が必要です。

出典：日本政策金融公庫「教育費負担の実態調査結果」（平成 28 年度）

私立大学の初年度経費

授業料、入学料のほかに、施設設備費がかかります。学部によってかかる費用は大きく異なります。親の用意できる資金により、子どもの進学先の選択肢が変わるといえるでしょう。

	私立大学（全平均）
入学料	25.6万円
授業料	86.8万円
施設設備費	18.4万円
初年度だけで…	130.8万円

	文科系	理科系	医歯系	その他学部
入学料	23.7 万円	25.9 万円	101.2 万円	26.7 万円
授業料	74.8 万円	105.9 万円	289.6 万円	95.4 万円
施設設備費	15.6 万円	18.8 万円	88.1 万円	23.4 万円
初年度だけで…	114.3 万円	150.7 万円	478.9 万円	145.7 万円

公的年金だけでは生活できない！

公的年金だけでは
毎月5万5000円の赤字！

「老後は年金だけで暮らしていける」と考えている人は、今や少数派でしょう。現在でさえ、老後生活を送っている人の平均で、**シングル世帯で月3万6000円、夫婦世帯だと5万5000円近く、毎月の生活費が赤字になっています**。

私たちが老後を迎えるころには、この赤字幅はさらに広がる可能性があります。

年金の額が今より増えることは期待できませんし、年金の受け取り開始年齢も、現在の65歳より遅くなる可能性があります。

私たちがリタイアするころには、月10万円〜15万円ほどの赤字が出るかもしれません。

老後の生活費は
住宅費用がカギを握る

平均的な老後の生活費は、シングルで月14万4000円、夫婦だと23万8000円です。

でも、住居費用がいくらかによって、実際の生活費は大きく変わってきます。家賃を払い続けなければならない人やローンが残っている人は、住居費がいくらになるかを考えてみましょう。

老後には出ていくお金を減らすことが大事です。賃貸の場合は、住み替えをして家賃を減らすことも考えて。**ローンは定年までに完済しましょう**。

無職世帯の1か月の収入と支出の平均

● シングル（60歳以上）

実収入　12万93円		不足分
社会保障給付　11万1375円 92.7%	その他 （事業・内職や 仕送り等） 7.3%	不足分 3万6311円

	消費支出　14万3959円								
直接税・社会保険料	食料	住居	光熱・水道	家具・家事用品	被服・履き物	保健医療	交通・通信	教養娯楽	その他の消費支出（交際費や仕送り等）
1.2万円	3.6万	1.2万	1.2万	0.5万	0.4万	0.7万	1.2万	1.7万	3.5万

● 夫婦（夫65歳以上、妻60歳以上の夫婦のみ）

実収入　21万2835円		不足分
社会保障給付　19万3051円 90.7%	その他 （事業・内職や 仕送り等） 9.3%	不足分 5万4711円

	消費支出　23万7691円								
直接税・社会保険料	食料	住居	光熱・水道	家具・家事用品	被服・履き物	保健医療	交通・通信	教養娯楽	その他の消費支出（交際費や仕送り等）
2.9万	6.4万	1.4万	1.8万	0.9万	0.6万	1.5万	2.5万	2.6万	5.7万

出典：総務省「家計調査年報（家計収支編）」家計の概要（2016年）

老後には3000万円が必要

夫婦で3000万円 シングルで2000万円を貯める

老後は安心して過ごしたい、誰だってそう思いますよね。ぎりぎりの生活費をやりくりして、楽しみもなく生活をするなんて嫌なはず。

これからの私たちが老後を迎えるには、夫婦二人で**最低3000万円の貯蓄が目標**です。**シングルなら2000万円を目標**にしましょう。

介護や病気に関する費用も考えておかなくてはなりません。特に介護は、期間が長引けばそれだけ費用も大きくなります。

公的介護保険でカバーされない費用について、どんなものがあるのか、確認しておきましょう（54ページ参照）。

「自分年金」で安心が作れる！

公的年金だけではなく、自分で積み立てられる年金もあります。たとえば、**個人年金保険**は、65歳など一定の年齢から年金を受け取れるように保険料を積み立てていきます。

さらに一定規模までの個人事業主等は、**小規模企業共済**に加入することができます。

ほかにも、**財形年金貯蓄や、iDeCo（イデコ／個人型確定拠出年金）**（156ページ参照）など、自分で備えることのできる「自分年金」はいろいろあります。

お金を増やす最大の武器は〝時間〟。若いうちにコツコツと積み立てることで、老後に大きな安心を作ることができるのです。

簡単でオススメ！「自分年金」

公的年金の不足分は「自分年金」で補うのがオススメです。

	申し込み先	積立期間	積立方法	特徴
財形年金貯蓄	勤務先	5年以上	勤務先で給与天引き	一定額まで利子が非課税だが、目的外の払い出しをすると課税される。
自動積立定期預金	銀行、信用金庫など	商品による	普通預金口座から自動振替	元本割れはしないが、金利が低く、ほとんど増えない。
投資信託の積立	銀行、証券会社など	自由	普通預金口座や証券口座からの自動振替	元本割れのリスクもあるが、運用次第で大きく増える可能性もある。
個人年金保険	銀行、保険会社など	商品による	普通預金口座からの自動振替やカード払い	条件を満たせば所得税の控除が受けられる。短期で解約すると元本割れする。

死亡時にかかる費用はいくら？

自分やパートナーが死んだとき、お金はいくらかかるのでしょう？　遺されたときの心構えとして、確認しておきましょう。

出典：日本消費者協会「第11回『葬儀についてのアンケート調査』報告書」(2017年)

葬儀費用の合計	195.7万円
通夜からの飲食接待費	30.6万円
寺院への費用	47.3万円
葬儀一式費用	121.4万円

介護にかかる費用は？

85歳以上の2人に1人が介護が必要な時代。自分自身やパートナーが要介護状態になったときに、公的介護保険の範囲外で、必要なお金はいくらでしょうか。

出典：生命保険文化センター「生命保険に関する全国実態調査」(2015年)

❶ 要介護状態となった場合の必要資金（初期費用）

平均252万円 ……もっとも多いのは100万円～200万円未満（25.0%）

❷ 要介護状態となった場合の必要資金（月々の費用）

平均16.8万円 ………もっとも多いのは10万円～15万円（29.1%）

❸ 要介護状態となった場合の必要期間

平均169.4か月 ……もっとも多いのは120か月～180か月未満（34.9%）

→ 要介護状態となったときに必要なお金の合計は **平均3308万円**

……もっとも多いのは1000万円～2000万円未満（22.0%）

もっと知りたい！
column 2

公的な手当にはどのようなものがあるの？

●病気やけがで働けなくなったとき 健康保険

４日以上にわたり、病気やけがで働けないときは傷病手当金（１日につき日給の３分の２）をもらうことができます。【仕事を休み始めて４日目から最長１年６か月まで】

●出産したとき 健康保険 国民健康保険

健康保険、国民健康保険に加入している人が出産をすると、出産育児一時金として子ども１人につき 35 万円〜 42 万円が支給されます。健康保険に入っている人で、出産のために休職しているなど一定の条件を満たすと、出産手当金（1 日につき日給の 3 分の 2 × 98 日分）が受け取れます。【出産日以前 42 日〜出産翌日以後 56 日目まで】

●リストラされたときや会社を辞めたとき 雇用保険

会社都合による退職の場合や離職してなかなか再就職先が見つからないときは、失業給付を受け取ることができます。１日あたりの額は、賃金日額※の 50%〜 80%です。

※離職した日の直前の６か月に毎月決まって支払われた賃金の合計を 180 で割って算出した金額

●資格の勉強をしているとき 雇用保険

雇用保険に入っている人が一般教育訓練給付金の対象講座等を受講すると、受講費用の 20%（最大 10 万円）が教育訓練給付金として支給されます。

●家族の介護をするとき 雇用保険

雇用保険に入っている人が、家族の介護のために一定期間休職した場合、介護休業給付を受けられます。給付月額は【休業開始時賃金日額×支給日数× 67%】です。

●障害が残ったとき 国民年金、厚生年金

病気やけがによって一定の障害が残ったときには、障害基礎年金（国民年金）、障害厚生年金（厚生年金）が受け取れます。

●死亡したとき 国民年金、厚生年金

夫や妻が死亡したとき、一定の配偶者や子などは遺族基礎年金（国民年金）、遺族厚生年金（厚生年金）が受け取れます。

もっと知りたい！
column 3

この先、私たちの生活は苦しくなる!?

お金のセンスがあれば、どんな時代もこわくない！

「なかなかお給料が上がらないから、貯蓄ができない」……そんな人も少なくないですよね。

金融庁の統計によると、まったく貯蓄のない人は30％いるそうです。

たしかに、お給料が多い人に比べれば、貯蓄をするためのやりくりは大変になることでしょう。でも、この先、会社のお給料が上がる見込みはあるのでしょうか？　**すぐにみなさんの生活が潤うような好景気がすぐに訪れるとはあまり考えられません。**

では、このままお給料が少ないからといって、貯蓄をしないままでいると、どうなるでしょうか。病気になったり、会社が倒産したり、トラブルが1つあっただけで、一気に生活ができなくなったとしてもおかしくありません。

それに、たくさんお給料をもらっているからといって、その分貯蓄ができるかというと、そうとは限りません。たくさんもらっていても、無駄遣いばかりしていては、手元に残るのはわずかです。

お給料が少なかろうが、多かろうが、お金を貯めることはできます。そのためには、お金についての勉強をし、センスを磨くことが大切です。

お金をどう貯めて、何に使うか、自分と向き合って考えたことはありますか？

「将来の生活が不安」という人は、いくらあったらその不安がなくなるのか、考えてみたことはありますか？　500万円あればいいのか、1億円あっても足りないのか。「いつまでに、いくら必要か」を考えなければ、その答えは決っして出ません。

自分のライフプランを立て、プランに沿って、お金を貯める・増やす・使うというセンスを磨いていく。これができれば、「先が見えない不安」は、「備えることのできる将来」に変わります。

今まで、お金のことなんて勉強したこともないし、誰も教えてくれなかったという人でも、この本を読めば大丈夫。一つひとつ勉強をして実践すれば、すぐに成果が見えてきますよ。

2章

お金が勝手に貯まる！たったこれだけのルール

貯まる人はルールを知っている

「お金を貯めている人は、いったいどうやって貯めてるの？」

貯まる人と貯まらない人。そこにはどんな違いがあるのでしょうか。

その違いはたった一つです。それは、

「貯まるルールを守っている」

ということ。

貯まる人は、無理をせずに、いつの間にか貯まるルールを持っています。だから、いつもやりくりに忙しかったり、なんだかお金にギスギスしたりする必要がないのです。この章

では、そんなルールを紹介していきます。

誰にでも簡単にできることばかりです。一度始めてしまえば、あとは自然と継続できます。一度貯まる習慣がつくと、ライフスタイルにも余裕が出てくるはずです。

あなたを素敵な未来に連れて行ってくれるのは、あなた自身です。どんな自分になりたいか、どんな将来が待っているか、想像しながら、わくわくして読み進めてみてくださいね。
そして、すぐにアクションを起こしてください。

今が、始めどきです。

お金を貯めるコツは「節約」ではない

好きなことにはお金を使っていい

お金を貯めるコツは「節約」ではありません！　**「使うところ」をひとつ決めることです。**

みなさんは、毎月どんなことに一番お金を使っていますか？　一人暮らしだと、住居費がもっともかかると思いますが、残りのお金はなんのために使っているでしょうか。

「ただなんとなく月末になるとお金がない」という使い方は、今すぐやめましょう。

貯める体質になるためには、メリハリのある出費が大切です。

好きなところにお金を使い、その分、そのほかの部分はしっかり節約をするのが、メリハリのある出費です。

出費全体でバランスをとればOK

たとえばファッションが好きな人なら、被服費にお金をかける代わりに、自炊をまめにして食費を抑えればいいですね。逆に、食べることが好きな人は、ある程度食費にお金をかけたほうが、ストレスなく生活ができますね。

お金を一番使うところを決めて、ほかのところはしっかり節約をする、というように、出費全体でバランスを取るといいでしょう。

毎日節約を意識しながら、好きなものも買わずに生きていくのは、いくら貯蓄のためとはいっても苦しいですよね。ストレスを溜めることなく貯蓄を続けるために、ぜひメリハリ出費を実践してみてください。

2：6：2の法則で貯蓄する

もうひとつ大事なのは、お金を使うときに、**貯蓄2：消費6：自己投資2という「2：6：2」の法則を意識することです**。入ってくるお金の2割は貯蓄をし、6割は生活費として消費、残りの2割を自分への投資に回します。

たとえば、資格のスクールに通うための月謝は自己投資でしょうか？　浪費でしょうか？　資格や知識が身につけば投資といえますが、途中で挫折してしまえば自己投資とはいえないので注意しましょう。

ここでもっとも大切なのは、2割、6割という数字そのものではありません。自分で決めたルールで、毎月しっかりと貯蓄を続けるということなのです。

銀行口座は2つ持つ!

今すぐ作ろう! 貯蓄用の口座

お金を貯める体質になるのに必要なキーワードは、「貯蓄用口座」と「先取り貯蓄」。先取り貯蓄については、68ページで詳しくお話ししますが、まずは貯蓄用口座を作ることから始めましょう。

あなたは今、「毎月の月末に口座に残っているお金が貯蓄額」という生活をしてはいませんか? もしそうなら、残念ながらお金を貯めるには、ほど遠い体質のようです。

お金を貯めるためにまずは、**毎月の生活費を出し入れしてやりくりする口座と、貯蓄用の口座を分けて管理する**ことから始めましょう。

生活費のすべてを1つの口座で管理する

もうひとつ、給与振込の口座と、家賃や水道光熱費、クレジットカードの引き落とし口座が別々になっていませんか?

もしそうなら生活費は1つの口座で管理するように一本化しましょう。そうすると毎月のお金の流れがわかりやすくなります。**入ってくるお金と出ていくお金を、1つの通帳で確認するほうが、家計簿もつけやすい**ですよね。

それに、給与振込の口座から引き落とし口座にお金を移す際にかかる無駄な手数料もなくなります。生活費の口座は1つにまとめて、ラクして無駄も省きましょう。

メインバンクを選ぶポイント

手数料	他行ATMやコンビニATM、口座を持つ銀行でも、平日時間外・土日祝日に利用した場合は手数料（1回108円～216円）が発生します。「月3件までは無料」などのサービスがないか、確認しましょう。
店舗やATMの利便性	自宅や会社の近くに店舗があるか、近くに提携コンビニATMがあるかなどの利便性をチェック！
給与の振込先	会社が指定する給与の振込先と同じにすると、お金の出し入れが楽になります。

➡頻繁に出し入れする生活費用口座は、生活範囲内にATMがあるなど、利便性のよい銀行の**普通預金口座**に！　原則出し入れはしない貯蓄用口座は、ポイントが貯まったり、金利が比較的高いなどのメリットがある**ネット銀行**がオススメ！

もっと知りたい！
column 4

どんなところ？
銀行を見つけよう

いろいろな種類があります。

つきあっていけるといいですね。

銀行の仕組みとは？

銀行にお金を預けると、利息がつきます。それってなぜでしょうか。

銀行は、私たちが預けたお金を個人や会社に貸し付け（融資）して、利子を取っています。その利子の一部として、私たちの預金に利息がつくのです。これが銀行の仕組みの基本です。

都市銀行、地方銀行

都市銀行は、大都市を基盤に、全国に支店を展開している銀行のことで、メガバンクともいいます。

みずほ銀行、三菱東京ＵＦＪ銀行などがその代表的なものですが、ＡＴＭの数が多いので、お金の出し入れが多い人には便利です。


一方、地方銀行は、地方に基盤を置く銀行です。東京都民銀行、横浜銀行などが地方銀行の例で、地域の中小企業に対する融資が中心業務です。

都市銀行よりも金利が高いことが多く、地方銀行のある都市で働いている人にはメリットがありそうです。

銀行って

自分にぴったりの

ひとくちに「銀行」といっても
自分に合った銀行を見つけて、じょうずに

信託銀行

普通の銀行業務に加えて、預かった財産の管理・運用をします。財産だけでなく、遺言を預かって、遺言者が亡くなると遺言の内容にしたがって遺産を分配してくれる遺言信託もあります。

高齢になって財産の管理や運用ができなくなってきたときに、強い味方になってくれるでしょう。三井住友信託銀行、みずほ信託銀行などがあります。

ネット銀行

一般的に店舗がなく、パソコンやスマートフォンで、入出金の確認や振込などができる銀行です。イオン銀行、ソニー銀行などが代表的なものです。

スマートフォン1つで24時間手続きができるので、忙しい人にぴったり。また、店舗を持つ銀行に比べて、一般的に金利が高いというメリットもあります。

ゆうちょ銀行

郵便局の民営化によって生まれた銀行です。これまでの郵便局とほとんど変わりはありません。全国どこにでもATMや店舗があるので、出張が多い人には便利な側面があるでしょう。

ネット銀行を活用しよう！

貯蓄用の口座は 手数料、金利から選ぶ

メインバンクを1つに絞ったら、次は貯蓄用の口座を決めましょう。ポイントは次の2つです。

①手数料が安い

②金利が高い

貯蓄用の口座から引き出すことは原則としてありませんが、もしものときには簡単に引き出せて、手数料は安いほうがいいからです。

また、給与振込の口座から貯蓄用口座にお金を移す際にかかる手数料が、できるだけ安い銀行を選んでください。

高金利なネット銀行は 貯蓄にぴったり

ネット銀行には、他行口座からの資金移動手数料が0円のものもあります。また、金利が高いところが多いので、貯蓄用の口座に向いています。

通常の銀行口座の普通預金の金利は0・001％くらいですが、**ネット銀行の定期預金だと、その10倍～100倍の金利がつくところもあります**。

68ページで詳しくお話ししますが、生活費用口座から貯蓄用口座に、毎月自動的に送金される仕組みを作っておくのが、貯めるコツです。

自動送金の仕組みがあるかも、しっかりと確認をしましょう。

オススメ！　ネット銀行一覧

	定期預金金利（1年）	手数料	他行口座からの自動入金	特徴
住信 SBI ネット銀行	0.02%	■ ATM 手数料 月 2 回～ 15 回まで無料（以降 108 円）※1 ■振込手数料 自行宛：無料 他行宛：月 1 回～ 15 回無料（超過時一律 154 円）	○	定期金利の利率が高めで、他行宛振込が最低でも月 1 回は無料。日本最大規模のネット証券、SBI 証券と連携していることもあり、投資を行なう場合にはより活用できる。
ソニー銀行	0.05%	■ ATM 手数料 無料（セブン銀行・イオン銀行） その他提携行は月 4 回まで無料（超過時一律 108 円）※2 ■振込手数料 自行宛：無料　他行宛：月 1 回無料（超過時一律 216 円）	○	セブン銀行・イオン銀行の ATM 手数料や、自行宛振込手数料が完全無料。ネット銀行としては珍しい「積み立て定期預金」もあり、少額からでも毎月自動的に預金したい人にはおすすめ。
じぶん銀行	0.05%	■ ATM 手数料 月 1 回～ 11 回まで無料（以降 108 円）※3 ■振込手数料 自行宛：無料※4 他行宛：月 0 回～ 5 回無料（超過時 174 円～ 278 円）	○	au（KDDI）と三菱東京 UFJ 銀行が共同で設立。内容充実の専用アプリも提供され、スマートフォンでのサービス利用・管理がしやすい。au ユーザー対象の特典も豊富に用意されている。
イオン銀行	0.05%	■ ATM 手数料 無料※5 ■振込手数料 自行宛：無料（カード利用時）216 円～ 432 円（現金） 他行宛：216 円（カード利用時）　432 円～ 648 円（現金）	○	イオンを頻繁に利用するなら、カード提示により WAON ポイントが貯まったり、割引や特典が受けられる。また、普通預金金利が高めに設定され、預金用にも○。

※ 2017 年 11 月現在

※1　利用可能 ATM は、イオン銀行・セブン銀行・E-net・ローソン ATM・ゆうちょ銀行・VIEW ALTTE。※2　E-net・ローソン ATM・ゆうちょ銀行・三菱東京 UFJ 銀行・三井住友銀行が該当。※3　自行 ATM には、じぶん銀行と三菱東京 UFJ 銀行の ATM が該当。ゆうちょ銀行は月 1 回までは無料で、以後一律 216 円の手数料が必要。※4　じぶん銀行と東京三菱 UFJ 銀行が該当。※5　イオン銀行・みずほ銀行・ゆうちょ銀行・三菱東京 UFJ 銀行が該当。

全自動化で先取り貯蓄をする！

お給料が入ったら2割を貯蓄用口座へ

貯蓄用口座を作ったら次にすることは、**毎月のお給料の2割を先に貯蓄用の口座に移す**ことです。そして、**残りの8割を生活費や自己投資のための資金とします。**

この「**2割先取り貯蓄**」のルールなら、残った8割は使い切ってしまってもいいので、ストレスを感じながら節約する必要はありません。メリハリをつけ、自分らしくお金を使えばいいのです。

なりゆき貯蓄から先取り貯蓄に変えることが、貯蓄を習慣にする第一歩。もし、いきなり2割を貯めるのが難しいなら、最初は毎月1000円からでもよいので、とにかく先取り貯蓄をする習慣を作ってみましょう。

先取り貯蓄は銀行のサービスで自動化して

先取り貯蓄の金額を決めたら、自動で貯蓄用口座にお金が移動する仕組みを作りましょう。一度自動化してしまえば、その後は忘れていても、確実に貯蓄できるのです。

銀行によって呼び方は違いますが、**「自動入金」や「定額自動入金」というサービスを利用するといいでしょう。**給与の振込口座から貯蓄用口座へ、毎月自動で一定金額が入金される仕組みです。

ネット銀行の中では、この自動入金の手数料を0円にしているところがあるので、費用をかけずに毎月の先取り貯蓄を習慣にすることができます。金額も1万円以上1000円単位で、細かく設定できます。

ちなみに毎月のお給料から積立分が天引きされる財形貯蓄や、投資信託の積立（130ページ参照）も、先取り貯蓄の仲間といえます。

財形貯蓄は、元本550万円まで利子が非課税だというメリットがあります。普通預金だけで増やすことは難しいので、さらに増やすための貯蓄も取り入れたいですね。

ざっくり家計簿を月に1回つけて！

家計簿は月に1回まとめてつければOK！

みなさんは、月末に1か月を振り返ったときに、何にいくら使ったのか、思い出すことができますか？

金額が大きいものなら印象に残っていると思います。でも、毎日少しずつ出ていく現金については、正確に思い出すのは難しいですよね。

家計簿をつけて、1か月のお金の流れを把握することが、お金とじょうずにつきあうオトナ女子の最低限のマナー。**1か月で何にいくら使ったのか、おおまかに把握できれば十分**なので、毎日1円単位で家計簿をつける必要はありません。

レシートを項目ごとに分けるだけ

もっとも簡単な方法を紹介しましょう。買い物をしたらレシートをもらって、①住居費、②食費、③交際費・レジャー費、④通信・水道光熱費、⑤被服・美容費、⑥自己投資代、⑦教育費、⑧保険料、⑨雑費の9項目ごとにクリアファイルなどに入れておきます。

そして月末に項目ごとの合計を計算するだけ。100円未満は切り捨てます。

自分がどこにお金を使っているかがわかれば、**家計バランスが崩れているところは削り、節約できた分を貯蓄に回せます**。簡単に家計簿がつけられるアプリを利用してもいいですね。

ざっくり家計簿のつけ方

項目　自分が毎月お金を使う内容だけでもOK！

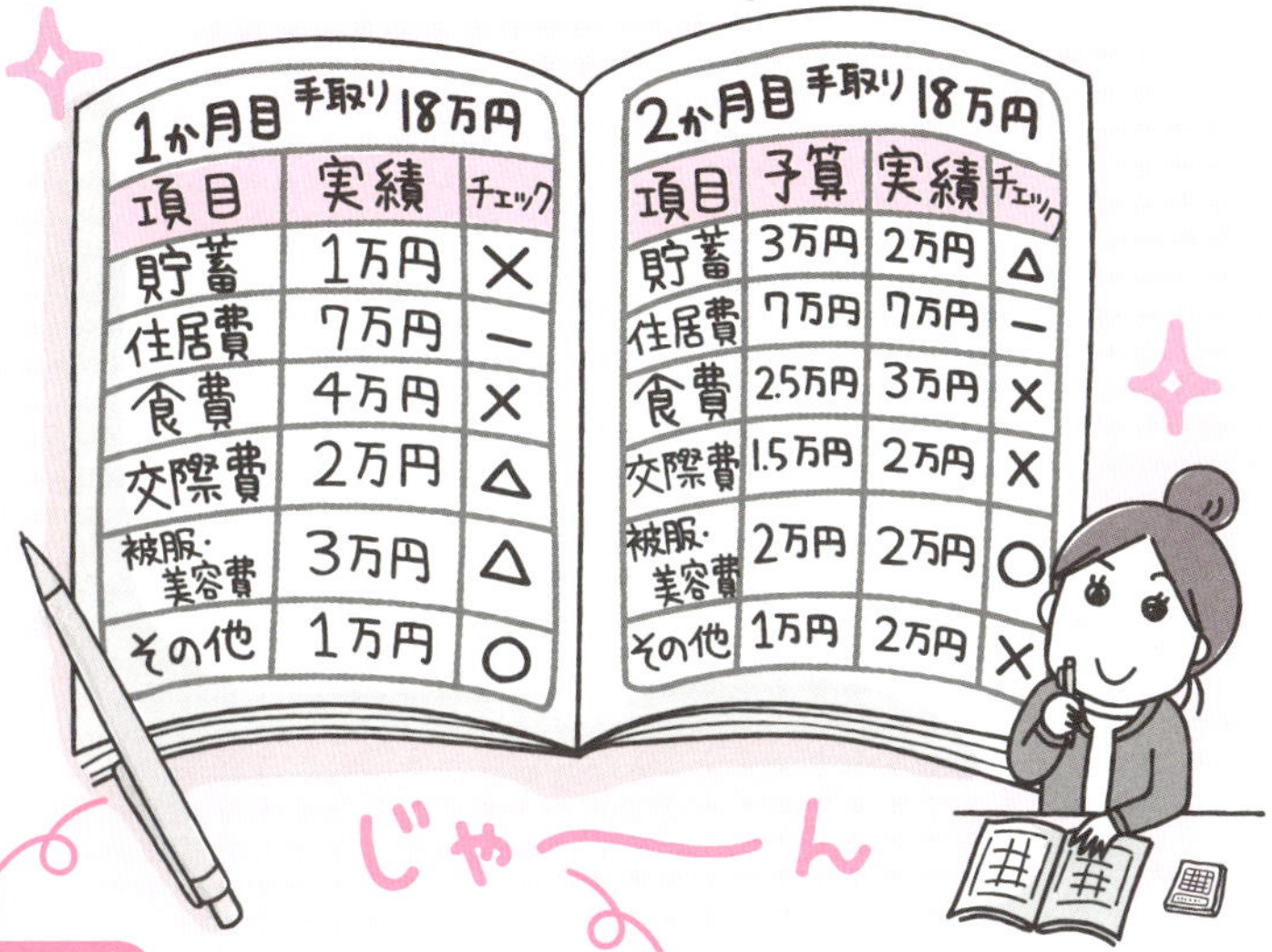

1か月目

使った費用、実績だけを記入して、だいたいの自分のお金の使い方を明確にしましょう。月末に、それぞれの項目について、自分なりの評価をつけましょう。

2か月目

1か月目の結果をもとに予算を立て、予算通りにできたか、無理がないかをチェックします。ここでできた貯蓄分を、3か月目に先取りで貯蓄用口座に入金しましょう。

オススメの家計簿アプリ

マネーフォワード ……… レシート読み取り・総合管理型。銀行・証券・クレジットカード・電子マネーなど2600以上の各種ウェブ明細と連携ができる。グラフなどでわかりやすく「節約ポイント」を示した家計診断や、「理想の家計」との比較機能もあり、家計改善や資産形成にも活用できる。

Zaim ……… レシート読み取り・総合管理型。約1500種類のウェブ明細を自動で取得・分類。記入・取得された家計簿は月単位・週単位で見やすく表示でき、家計の振り返りや自己分析がやりやすい。あらかじめ予算を決めることもできる。

おカネレコ ……… 手動入力型のシンプルな家計簿アプリ。その出費に関連した写真の登録が可能なので、ビジュアル面でも出費を管理できるのがうれしい。

理想の家計バランス

シングル世帯

目安の金額に比べて突出して高い項目がある場合は、それは投資なのか、浪費なのかを考えてみましょう。もし、住居費にお金がかからない実家暮らしなら、今が貯蓄の最大のチャンスです！

	目安	毎月の手取り収入		
		20万円の場合	30万円の場合	あなたの場合
住居費	20%～30%	6万円	8万円	
食費	10%～15%	2.5万円	3万円	
交際費・レジャー費	7%～10%	1.5万円	2.5万円	
通信・水道光熱費	7%～10%	1.5万円	2万円	
被服・美容費	7%～10%	2万円	2.5万円	
自己投資代	10%	2万円	3万円	
保険料	2%～5%	0.5万円	1.5万円	
雑費	3%～5%	1万円	1.5万円	
貯蓄	15%～20%	4万円	6万円	

ファミリー世帯

ファミリー世帯がお金を貯めるには、1つの財布でお金を管理することがポイント。共働きの家庭でも、収入を出し合って共通の財布を作り、そこからお小遣いを出すシステムがオススメです。

	目安	毎月の手取り収入		
		30万円の場合	40万円の場合	あなたの場合
住居費	25%～30%	8万円	11万円	
食費	10%～15%	4万円	5万円	
交際費・レジャー費	5%～7%	2万円	2.5万円	
通信・水道光熱費	7%～10%	2.5万円	3万円	
被服・美容費	5%～7%	2万円	2.5万円	
教育費	10%	2.5万円	4万円	
保険料	5%～7%	2万円	2.5万円	
雑費	3%～5%	1万円	1.5万円	
貯蓄	15%～20%	6万円	8万円	

もっと知りたい！
column 5

会社員・自営業者のお金のこと

会社員のお金

給与明細の読み方

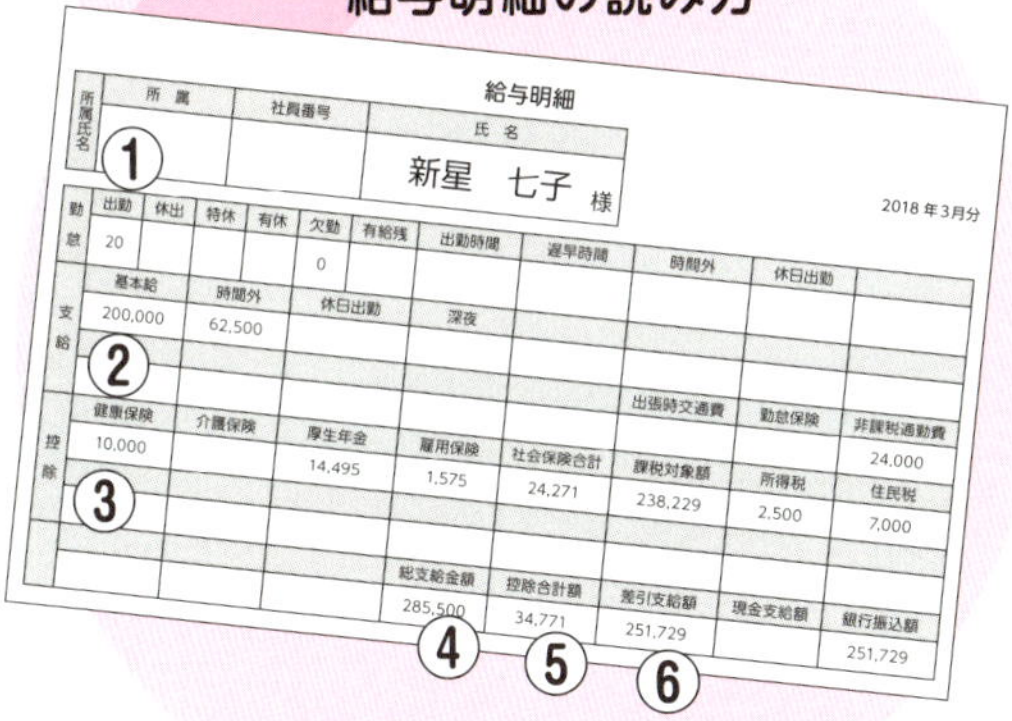

給与明細
所属氏名
所　属
社員番号
氏　名
新星　七子　様
①
2018 年 3月分
勤怠
出勤 20
休出
特休
有休
欠勤 0
有給残
出勤時間
遅早時間
時間外
休日出勤
支給
基本給 200,000
時間外 62,500
休日出勤
深夜
②
出張時交通費
勤怠保険
非課税通勤費 24,000
控除
健康保険 10,000
介護保険
厚生年金 14,495
雇用保険 1,575
社会保険合計 24,271
課税対象額 238,229
所得税 2,500
住民税 7,000
③
総支給金額 285,500 ④
控除合計額 34,771 ⑤
差引支給額 251,729 ⑥
現金支給額
銀行振込額 251,729

① 給与明細には、お金だけでなく勤怠情報も記載されます。間違っていないか確認しましょう。
② 支給される「額面」。この後「控除」された金額が、「手取り」（実際に入ってくるお金）になります。
③ 控除とは、給与から天引きされる金額のこと。社会保険料や、税金が引かれます。40 歳になると介護保険料も控除されます。
④ 本給、時間外、交通費などを合計した総支給額の額面。
⑤ 各種控除を合計した金額。
⑥ 実際に支給される金額。これが手取りです。

経費
所得
控除

自営業者のお金

仕事用口座を作り、確定申告が必要！

自営業者の場合、仕事のお金と自分のお金がごちゃごちゃになりやすいので、仕事用口座と個人の口座をしっかり分けることが大切です。自営業の場合は、毎年確定申告をして税金を納めます。「仕事用口座の残高＝自分のお金」という感覚だと、納税資金まで使ってしまいかねません。売上、運転資金、税金を1年分試算して、自分のお金（給与にあたるお金）がいくらになるか、計算してみましょう。それを 12 で割れば、毎月の自分のお金がわかります。自営業者は会社員よりも、入ってくるお金と、出ていくお金の管理が大切です。

お金が入ってくるのはこんな財布！

財布こそが「なりたい自分」のイメージ

お金が入ってくる財布をひと言でいえば、整理整頓ができている、ということ。レシートやポイントカードでパンパンに膨らみ、小銭であふれそう——そんな財布は、お金のセンスがゼロ。薄くて軽い財布が理想です。

財布の中には、今必要なもののほかに、**「なりたい自分」や「自分がお金をかけたいもの」をイメージできるものを入れましょう**。たとえばゴールドカードや、憧れのブランドのメンバーズカードなど。財布を開くたびに未来の自分が想像できれば、無駄使いや衝動買いに、ブレーキがかかると思いませんか？

レシートはマメに整理する

レシートを貯めたままにしないで、マメに整理してスリムな財布をキープ。レシートは分類して、家計簿をつけるために保管して。

なりたい自分をイメージするもの

今の自分よりちょっと背伸びをして、ゴールドカードやとっておきのショップのメンバーズカードをいつも見える場所に入れておきましょう。理想の自分を常にイメージし、近づく努力をすることができます。

クレジットカードは2枚まで

財布に入れるクレジットカードは2枚まで。1枚はいつも使うカードで、もう1枚はあえて将来なりたい自分をイメージできるカードを持ち、そのカードにふさわしいお金の使い方をしましょう。

ポイントカードは3枚まで

財布の中にあふれがちなポイントカード。週に1回以上使わないものは入れない！がルール。これを機に不要なものは処分しましょう。憧れのお店のポイントカードを1枚入れて、なりたい自分をイメージしても◎！

小銭じゃらじゃらはNG

お釣りを計算するのが面倒で、つい千円札で払っていませんか？　小銭がじゃらじゃらしていると、浪費につながりやすくなります。小銭入れには、必要最低限の小銭だけが入っているように意識して。

かばんの中で目立つ色

財布の色は自分の好みで選べばいいのですが、迷ったらかばんの中でぱっと目立つ色にしてもいいでしょう。レジでかばんの中をごそごそ探す必要がないから、余裕を持って支払いができます。余裕があると小銭も出しやすいですよね。

クレジットカード払いがお得！

クレジットカードは1回払いが原則

日々の支払いには、現金よりもクレジットカードを率先して使いましょう。貯まったポイントで買い物をしたりできるので、**現金での支払いに比べて、トータルでお得だからです**。

ただし、リボ払いや分割払いを選んでしまうと、金利が高いので損をします。**原則は1回払い**。2回払いまでは金利がかからないので『**自分の月収以上の大きな買い物は2回払いまで**』を目安にしてみてください。

カードでの買い物は明細が発行されるので、家計の管理が楽にできるというメリットもあります。

紙の明細は発行手数料が100円前後かかることがありますが、毎月送られてこないと収支を把握できないなら、家計管理のために必要な経費と考えて、あえて紙で送ってもらうのもいいでしょう。ウェブ明細なら手数料は無料です。

デビットカードで使いすぎ防止！

「クレジットカードの買い物は、ついつい買いすぎて支払いがこわい！」と思っている人には、デビットカードがおすすめです。

デビットカードなら、引き落とし口座の残高以上の買い物はできません。使ったその場で残高が減るので、「カード払いだから」と気が大きくなって使いすぎることもありません。

クレジットカード払いがよい3つの理由

1 お金の管理がしやすい……明細を見れば、何にいくら使ったのかが一目瞭然。家計簿をつける手間が省けます。

2 ポイントが貯まる……購入額を一定の割合でポイントに還元し、現金同様の買い物ができたりします。カードの種類によって、ポイントが貯まるルールはさまざま。

3 支払いがスムーズ……財布から小銭を出し入れする時間や手間が省け、小銭が貯まることもありません。

ここに注意

★現金払いなら買わない（買えない）ものまで買えてしまうのがデメリット
★3回以上の分割払いやリボ払いには利息がかかる
★クレジットカードの使用額は、支払い月の予算に収まる範囲に

あなたはカードを使う人？　使われる人？

「使う」人の特徴

- 現金とカードを同じ感覚で使える
- ポイントを貯めるために極力カードを使う

「使われる」人の特徴

- 現金なら買わない（買えない）ものでもカードでなら買う
- 月の赤字をカード払いでごまかす

クレジットカードは2枚持とう

普段使いのクレジットカードはライフスタイルに合ったものを

クレジットカードを何枚も持っていませんか？　まずは普段使いのカードを1枚に絞りましょう。そのときは、次のページを参考に**自分のライフスタイルに合ったものを選ぶと、ポイントが貯まりやすくてお得**です。

たとえばネットショッピングが多い人なら、楽天やヤフーなど、ネットショッピングのポイント還元率が高いものを選ぶといいですね。

普段の生活の中での行動範囲内にあって、意識しなくてもポイントが貯まるということが重要です。

憧れのカードを1枚持つ

そしてもうひとつ、**「なりたい自分」を想像し、そのときに使う憧れのカードを持つこと**をおすすめします。

たとえば**ゴールドカード**を使う場面を想像してみてください。どんなお店で、どんな物を買うことを想像しますか？　自分にとって特別なものを、特別なお店で買いたいと思いませんか？　少なくとも、適当な衝動買いをしたいとは思いませんよね。

お財布を開くたびに「なりたい私」を意識することで、モチベーションを維持することができますよ。

普段使いのクレジットカードを選ぶ3つのポイント

1 **年会費**がかからない、または払う以上のメリットがあるか

2 **普段の行動範囲**の中で、継続して使用するか

3 カードを利用して得られる**ポイント**や特典が、実際に役に立つか

サービスいっぱい！ ゴールドカード

ゴールドカードとは、一般のカードに比べ、年会費が高い代わりに利用限度額が大きいなど、サービスのグレードが高いクレジットカードのことです。 そのサービス内容は？

ゴールドカードとは…

- 利用限度額が高い（50万円～300万円程度）
- うれしい付帯サービスが充実している
- 年会費が高い（1万円程度）

空港ラウンジの無料利用……ソファにドリンクバー、ネット環境が用意されている空港利用者が休憩できるラウンジが、無料で利用できる。

旅行保険……海外旅行や国内旅行の傷害保険。持っているだけで保険が適用される「自動付帯」のものが多く、保障額が大きい。

レストランの優待……レストランでの優待サービスを提供しているカードも。JCBゴールドやアメリカン・エキスプレス・ゴールドカードが有名。

高いポイント還元率……一般より還元率が高かったり、海外利用でさらに高くなったり、ポイントが貯まりやすい制度があるカードが多い。

※カードによってサービス内容が違うので、入会の前に確認をしましょう

こんなカードがオススメ！

自分にとって貯めやすい、貯めたときの特典がうれしいカードを節約をしたいのか、楽しみたいのかによっても違います。

Q. ポイントのバック率で選ぶなら？

Orico Card THE POINT

ポイント還元率 1.0%～3.0%。入会 6 か月は還元率 2.0%、オリコモール活用で Amazon による購入が 2.0%、ショッピングサイトでの購入で 3.0%～15.0% ポイントがつく

楽天カード

ポイント還元率 1.0%～4.0%。楽天市場や楽天ブックスの利用で 4.0% に。楽天でのショッピングが多い人にはオススメ。

JCB CARD W

ポイント還元率 1.0%～3.0%。「パートナー加盟店」のイトーヨーカドー、セブン - イレブン、Amazon でのショッピングで 2.0%、スターバックスでは 3.0% になる。

Q. ショッピングに使いたいなら？

イオンカードセレクト

イオングループでのお買い物で 1.0%ポイント付与。毎月 20 日・30 日は代金 5 % OFF になる。イオン銀行のキャッシュカードとしても使えて、普通預金の金利が通常より高めに設定されているのもお得。

タカシマヤカード

年会費 2000 円 (初年度無料)。高島屋での利用で 100 円ごとに 8.0% のポイントがつく。ポイントアップ期間中には 10% に。2000 ポイントで高島屋買い物券 2000 円分と交換できる。

ファミマTカード

通常還元率は 0.5%。T ポイント加盟店で使用すれば T ポイントも同時に付与される。火曜・土曜はポイント還元が最大で 5 倍になるのも魅力。

こんな人には

効率よくポイントを貯めるには、
選ぶといいですね。 ポイントで

Q. 旅好きなら？

ANA アメリカン・エキスプレス®・カード

年会費 7000 円。通常、有効期限 3 年の ANA マイルだが、このカードでは「無期限」に貯められる。大量マイルゲットで「長距離＋ビジネスクラス」の特典航空券に交換可能。

JAL カード TOKYU POINT ClubQ

年会費が初年度無料、2 年目以降 2000 円。東急ストアなど東急系列の店舗では、JAL マイルと同時に「TOKYU ポイント」も貯まる。TOKYU ポイントはマイルへの交換が可能となっている。

JR 東海エクスプレス・カード

年会費 1000 円。東海道・山陽新幹線にお得な価格で乗車できる「エクスプレス予約」が利用可能。ポイントが貯まれば、指定席の価格でグリーン車に乗れる。

Q. ポイント管理が面倒な人は？

セゾンカードインターナショナル

ポイントの有効期限なし。還元率は 0.45% と高いとはいえないが、ポイントの有効期限を気にする必要がないのは最大のメリット。

ウォルマートカード セゾン

支払い時に 3.0% オフ。全国の西友、リヴィン、サニーで買い物をした場合、いつでも 3.0% オフとなる。5日・20日は5.0% オフに。

P-one カード

ポイントが貯まるのではなく、請求金額から 1.0% 引かれて引き落とされるシステム。

ボーナスは半分貯蓄する！

ボーナスは生活費にあてない！

ボーナスなどの臨時収入をあてにして、毎月の家計をやりくりしている人がいるなら、すぐにでも改めましょう。毎月の生活費は月々のお給料の中でやりくりできるように、根本を見直す必要があります。

まずは家計簿をつけて、何にどれだけお金を使っているか、毎月のお金の流れを把握します。家計の引き締めが必要なら、92ページを参考に、削減できる固定費がないか、本格的に検討をしましょう。

ボーナスは会社の業績次第では出ないこともある、あくまで臨時収入です。ボーナスをあてにしていては、貯蓄が増えないばかりか、いつかはマイナスになるおそれも！　ボーナスは生活費とは別に使い方を考えるといいですね。

半分は貯蓄に半分は自分へのご褒美に使う

毎月のお給料で日々の出費をやりくりできていれば、ボーナスは全部貯蓄できるはずですよね。でも、それではあまりにも楽しみがありません。

よいボーナスの使い方は、半分は貯蓄して、残り半分は自分へのご褒美に使うことです。自分への投資になるような出費であれば、なおよいですね。

ちゃんと使って、しっかり貯める！

ボーナスが出たら、まずは年払いの生命保険料や税金など、払わなければならないお金を確保しましょう。そして残りのお金の半分を貯蓄用口座に移しましょう。残りの半分は、なりたい自分や、目指している将来に近づくための資金として役立てましょう。

たとえば、なりたい自分をイメージしてバッグや服を買ったり、見識を広げるために行ったことのない場所に出向くのもよいでしょう。

臨時収入は、ただひたすら貯めるだけでなく、**自分への投資に積極的に使うことで、生活にも潤いが出ます**。お金だけではない、大きなリターンになるのです。

貯蓄じょうずな人の7つの習慣

1 目標が決まっている

ただなんとなく行動するより、目標を持って行動するほうが結果につながりやすいのは、貯蓄も同じ。“30歳までに資格スクールに通う資金を50万円貯める”など、具体的な目標があれば、今どれくらい貯めなければならないかがはっきりします。

2 ディナーではなくランチにお金をかける

いつか行ってみたいと思っている憧れのお店は、ランチで利用しましょう。ランチなら、ディナーよりもずっとお得な値段で食べられます。高いからと諦めることも、予算以上の出費をすることもありません。我慢してお金を使わないのではなく、工夫してメリハリのあるお金の使い方をすることが大事です。

3 衝動買いをしない

たとえ安くても、日ごろ節約している金額と比べてみれば、1回の衝動買いでひと月の節約が無駄になることも。欲しいと思ったら3日考えて、それでも欲しければ買うなど、自分なりのルールを作るといいですね。

4 ストレスを溜めない

　ストレスは衝動買いのもと！　お金をかけずにストレスをじょうずに解消できる習慣があるといいですね。日々のストレスは、その日のうちに解消しておきましょう。運動や入浴など、自分なりのストレス解消法を見つけて。

5 先取り貯蓄

　「月末に残ったお金を貯蓄する」では、なかなか貯蓄は増えません。貯まる人は、お給料が入ったらまず貯蓄。残りのお金で月々のやりくりをしています。先取り貯蓄が習慣になると、自然と貯蓄が増えていきますよ。残ったお金は使い切ってもいいので、毎日節約を意識するストレスもありません。

6 クレジットカードを使いこなす

　ポイントがついてお得なうえに、お金の流れを把握するのも簡単なクレジットカード。ライフスタイルに合ったカードなら、ポイントが多くついたり、割引があったりします。

7 家計簿をつけている

　何にいくらかかっているのかがわからなければ、節約すべきところを探すこともできません。メリハリのあるお金の使い方をするためにも、家計簿で家計のバランスを確認することが大切です。月に１回、ざっくりとまとめてつけるだけなら、それほど面倒ではないですよね。

もっと知りたい！
column 6

楽しく貯める「積立」

確実に使う予定があるならば、特定の積立を利用するとお得です。代表的な「デパート積立」と「旅行積立」をご紹介しましょう。

使うためのうれしい積立

「デパート積立」とは、毎月5000円や1万円を1年間積み立てると、同額のボーナスがつき、そのデパートで利用できるという商品。「旅行積立」は、旅行資金を積み立てると年間に利子が1.5%～3%つき、旅行に使えるという商品です。それぞれ、各デパートや旅行会社が扱っています。銀行の普通預金の金利がほとんど0%なので、とてもお得に感じますね。

デパート積立も旅行積立も、積立が終わったら確実に使う予定があればとてもお得です。

デパート積立

メリット

- 一定額を12か月積み立てると、同額のボーナスがつく
- お歳暮・お中元など決まった出費をあらかじめ用意できる
- ボーナス部分に税金がかからない（預金すると利子に税金がかかる）

デメリット

- 受け取りが商品券やプリペイドカードになる（現金ではない）
- 指定された店以外では使えない
- デパートが倒産すると、お金が戻ってこないこともある

旅行積立

メリット

- 普通預金で積み立てるより、ずっと金利がいい
- 帰省や旅行費用をあらかじめ用意できる
- 少額（3000円）から積立できる
- ボーナス部分に税金がかからない（預金すると利子に税金がかかる）

デメリット

- 受け取りが旅行券などになる（現金ではない）
- 使用目的が旅行等に限られる
- 旅行会社が倒産すると、お金が戻ってこないこともある

3章

知らなきゃ損！ラクして得する節約

節約はがんばらないことがコツ

「無駄遣いをしているつもりはないのに、なかなか貯まらないのはなぜ？」

そんな疑問はありませんか？

出ていくお金を減らせば、貯まるお金は増えます。その方法のひとつが「節約」です。でも、常に節約を意識しながら暮らすのは楽しくありません。

減らすこと、貯めることがゴールになってしまうと、お金を使うことがなんだか悪いことのように感じてしまいますよね。節約で大切なのは、がんばらないことです。

「節約って、がんばってコツコツするものじゃないの？」

そんな思い込みは捨ててしまいましょう。この章では、がんばらずに成果の出る節約を勉強していきます。

そもそも、お金を貯めるということは、今だけ行動すればいいのではなく、将来にわたって継続していくこと。それを考えれば、無理せず長く続けられる節約方法を知っているのと知らないのとでは、大きな差になります。

生活や、お金の使い方を見直してみることは、キレイなお金の使い方ができるようになる第一歩。この章で勉強したことは、すぐにでも生活に取り入れることができるはずです。実際に行動に移してこその勉強！　すぐに実践してみてくださいね。

通帳記帳で無駄な出費が減る！

月に1回は必ず通帳に記帳をしよう

ATMでお金を下ろすとき、通帳の記帳も行なっていますか？　何にいくら使ったかがわかるように、**最低でも月に1回は記帳をする習慣をつけましょう**。

ネット上でWEB明細を利用している場合は、履歴が数か月程度しか残らないこともあります。必要ならばプリントアウトをして記録を残しましょう。

さらに、**明細の入出金額のそばに、何に使ったのかを書き込んでみてください**。何に使ったのかわからない・覚えていないお金をなくすことが目的です。

クレジットカードの引き落としがあれば、同じように明細をチェックしてみてくださいね。

使ったお金をチェックする3つのポイント

生活費用口座から出ていくお金をチェックする際に、大切なポイントは3つあります。

①何に使ったか不明な出費がないか
②固定費が膨らんでいないか
③残高は毎月一定になっているか

何に使ったかわからない出費は、浪費の可能性が高いです。そもそも不要な出費かもしれま

せん。

固定費は、その内訳もしっかりチェックしましょう。ほとんど使っていないサービスにずっとお金を払っていないか、確認してみてくださいね。

電気料金やガス料金は季節によって増減することはありますが、基本的に毎月の出費と残高がほぼ一定になるのが理想。残高が前の月と同じくらいでなければ、その月は何かいつもと違う出費があったということなので確認を！

POINT

ネットバンクの明細書

ネットバンクの明細には、メモを書き込む機能がついているものもあります。印刷しなくてもメモができるので手間がかかりません。自宅にいながら明細の確認ができて便利です。

節約の最大のポイントは固定費

ラクする節約のカギは毎月の固定費

毎月決まった予算の中で暮らしていくには、無駄をなくし、節約することが必要になってきます。ストレスのない節約のポイントは次の3つです。

①金額の大きいものから
②我慢がいらないものから
③効果が続くものから

カギとなるのが固定費です。家賃や保険料、水道光熱費や通信費など、毎月一定額ずつ支出するお金のことです。

たとえば食費のような変動費を減らすには、毎日コツコツ節約をしなければいけません。でも、**固定費は一度減らしてしまえば、その後ずっと節約の効果が続きます**。節約するなら、最初に固定費を見直しましょう。

ファミリー世帯の理想の家計バランスは月々の家賃が手取り収入の25%〜30%、通信・水道光熱費は7%〜10%、保険料は5%〜7%です(72ページ参照)。

大きな固定費を見直して大きな節約効果を

固定費を減らすときは、たくさんお金を払っているものから見直してみましょう。

家賃を10万円から8万円にできれば、毎年24万円の節約になります。

電気のアンペアも、40Aから30Aに下げるだけで基本料金が毎月約280円下がります（東京電力の場合）。インターネットやスマートフォンの料金プランも、年に1回は見直したいですね（96ページ参照）。

大きな固定費を見直したら、次に小さな固定費を見直してみましょう。**もう使っていないのに毎月使用料を払っているアプリや、年会費を払っているカードなどはありませんか？**

一つひとつは月額100円や200円と小さな金額ですが、一度減らしてしまえば、その後ずっと効果が続くので、大きな節約につながります。

食費はストレスフリーで減らそう

贅沢するなら
ディナーよりランチで

「節約」というと、食費を切り詰めることを考える人が多いでしょう。でも、食費の節約は、努力の割りには効果が出にくいもの。ラクして効果的に減らすには、どのような点に気をつければよいかを考えてみましょう。

ポイントは、大きく減らせるところでがんばること。毎日コツコツと200円を節約できたとして、月6000円の節約にしかなりません。でも、ちょっと外食しただけで、6000円以上かかってしまうこともありますよね。それでは意味がありません。

とはいえ、節約＝外食しないということではありません。ストレスを溜めずに節約をするなら、ディナーではなく、よいお店ほどランチで外食をするといいでしょう。ランチはディナーと比べてお得な値段で楽しめて、贅沢気分も味わえます。

安い食材のまとめ買いは
今すぐやめよう

ちょっと遠くのスーパーの特売に、わざわざ時間をかけて行っていませんか？　その節約の意識は素晴らしいことです。でも、10円や50円にこだわるより、その時間を有効に使ったほうが節約の効果が高くなることもあります。

遠くまで買い物に行く時間を使って明日のお

弁当を用意できれば、ランチ代が節約できます。どっちが大きな節約になるかは、比べてみれば明らかです。

もうひとつ、安いからといって食材をまとめ買いするのもやめましょう。食材を消費するスピードが上がるだけで、思ったほど節約にはなりません。

外食をすべて自炊に代えれば、食費を半分にすることも可能かもしれません。でも、普段自炊をしない人が突然自炊を始めると、無駄が多くて余計にお金がかかることもあります。料理の持ちネタを増やして、食材を使いきれるくらい継続して自炊することが大切です。

スマホ代は月3000円以内にできる！

格安SIMへの乗り換えで月額は半額〜3分の1に

スマートフォンの料金は、通話料金、通信料金、オプション料金（保証料やアプリ）、端末代金の4つからなっています。

このうち、通話料金や通信料金は、**格安SIMに乗り換えれば、月々の使用料が半額から3分の1くらいに減らせます**。電話番号はそのままで、月額1万円だったものが3000円にまで抑えられることもあるのです。

ちなみにSIMとは、スマホや携帯、タブレットなどのモバイル端末でデータ通信や音声通話などを行なうために必要なICカードのことです。どの携帯にも入っています。

通話が多い人は注意

格安SIMを使うには、利用するSIMカードに合ったSIMフリー端末のスマートフォンを用意する必要があります。

これを機に格安スマホに変えてもいいですし、大手携帯会社で購入した端末でも、一定の条件はありますが、SIMロックを解除することで使うことができるものがあります。

ただし、格安SIMの場合、**無料通話（毎回5分までなど）を超えると、通話料が30秒で10円〜20円かかります**。大手キャリアのかけ放題プラン（月額2700円くらい）と比べると、無料通話以外に月67分以上電話をする人には割高になるので、要注意です。

格安スマホ／格安 SIM 一覧

端末と SIMにはどのような種類のものがあるのか、主なものをまとめてみました。

格安携帯	プラン例
BIGLOBE mobile	● HUAWEIP10 lite タイプ D 6ギガプラン 月額 3448 円～でデータ量6GB まで使用可能。docomo 回線利用。YouTube など動画が見放題となる「エンタメフリー・オプション」などもある。
楽天モバイル	● HUAWEInova lite 通話 SIM3.1GB プラン 月額 2712 円～でデータ量 3.1GB まで使用可能。docomo 回線利用。楽天ユーザーにはさまざまな特典がある。
UQ mobile	● iPhone SE 32GB データ高速＋音声通話プラン 月額 3653 円～でデータ量3GB まで使用可能。au 回線利用。低価格で iPhone を利用したいという人におすすめ。
Y! mobile（ワイモバイル）	● HUAWEIP10 lite スマホプラン S データ量は 2GB までだが、10 分間の通話であればかけ放題となり、月額料金（目安）は 4153 円～になる。
イオンモバイル	● Alcatel PIXI4 音声 500MB プラン データ使用可能量は 500MB とわずかだが、月額 1673 円～で利用できる。メールチェック等、簡易的なデータ利用に活用できる。

格安 SIM	プラン例
FREETEL（フリーテル）	●定額プラン1GB 音声通話付 docomo 回線を利用した定額コースで、1GB までであれば月額 1294 円～と低料金での利用が可能。
DMM mobile	●通話対応 SIM プラン2GB docomo 回線を利用した月に2GB まで利用可能な定額コース。通信量繰越可能で月額 1490 円～。
mineo（マイネオ）	● au プラン（A プラン）デュアルタイプ（500MB） データ量は 500MB ながら、au 4G LTE に対応。こちらも通信量繰越可能となっている。月額 1414 円～。
LINE モバイル	● LINE フリープランデータ＋ SMS＋ 音声通話 docomo 回線利用で 1GB/ 月の定額コース。1GB を使い切っても、LINE アプリの通話・トークが使い放題。月額 1296 円～。
nuro モバイル	● 0SIM データ＋音声プラン docomo 回線利用で、月のデータ利用を 500MB ～ 5GB の段階制で選択できる。500MB で月額 756 円～。

※上記のプランは 2017 年 11 月現在の一例です。そのときどきに応じてお得なプランがあるので、購入の際にはきちんと確認をしましょう

貯めてる人は、お得に楽しむ!

1 コスメサンプルをGET!

　コスメは季節ごとに新商品が出ます。流行り物は、デパートの化粧品売り場でサンプルをもらって、いつもと違うメイクにチャレンジするのもいいですね。

2 ヘアモデルで美容代を節約

　無料でカットやカラーが受けられるヘアモデル。インターネットでも探すことができます。練習のモデル、撮影モデル（ホームページなどに掲載）など、条件はさまざま。カットだけでも4000円前後かかるので、無料で受けられればうれしいですよね。

3 レストランモニターになろう

　お店の印象や料理の味を覆面でチェックするモニターです。最近では、お店自身がモニターを募集することも。一定額までの飲食代が無料になったり、半額になることも。インターネットでモニター募集店を探せます。

4 お試しモニターをチェック！

エステサロン、新商品など、さまざまなお試しができるモニターです。モニター募集のサイトがいくつもあるので、簡単に探せます。食品や日用品の新商品を無料で試せるなど、ちょっとしたお得がたくさんあります。

5 無料スポットを楽しむ

私たちの周りには、無料で楽しめる場所が意外とたくさんあります。たとえば、都庁の展望台は地上 202 mの高さから東京が一望できて無料！　ビールや菓子などの工場の中には、無料で見学ができて、試飲や試食ができるところも。博物館や美術館にも無料のところが多数あります。

6 図書館でゆったり読書

最近では 22 時近くまで開館している図書館もあり、読みたい本の検索や予約もできるのでとても便利です。カフェスペースや休憩スペースを併設する図書館も増えていて、家で読むより居心地がいいかも。

ラクして効果大！おうちの節約術

エアコンは±1度で消費電力を節約

エアコンは起動にもっとも電力を消費するので、こまめにオンオフすると余計に電気代がかかることがあります。30分以内の外出なら、つけたままでOK！　外気との温度差が大きいときは自動運転にしておくと、電力の消費が抑えられます。設定温度を夏なら1度上げ、冬なら1度下げることで消費電力が10%も節約できます。

買い溜めをしない！

買い溜めをすると「たくさんあるから」と、消費するペースが上がりがち。冷蔵庫の中がパンパンだと、冷却効果も下がって損です。日用品は日々改良され、安くていいものが出てきます。今必要なものを必要なだけ買いましょう。

ペットボトルのお茶は買わない

500mlのペットボトルのお茶は、安くても100円近くします。お茶のパックを買って自分でお茶をいれれば、その10分の1で済みます。無意識の出費をやめるだけで、月3000円～6000円の節約になるかもしれませんよ。

晴れの日は衣類乾燥機を使わない

衣類乾燥機は1回1時間で電気代が16円～50円かかります。天気がいい日は天日干しをして節約をしましょう。浴室乾燥機も電気代が高いので、長時間の利用は控えましょう。

シャワーはまめに止める

シャワーを1分使うと、ガス代と水道代で約5.4円かかります。毎日2分シャワーの時間を短くするだけで、年間で4000円近く節約できます。歯磨き中や洗い物の間は水を止めたり、トイレを「小」で流すのも水の節約になります。

もっとラクして！プチ節約術

ストレスにならない範囲で楽しく続けるのが、節約のもっとも大切なポイント。自分のライフスタイルに合ったやり方で始めてみましょう。

水道光熱費は引き落としかクレジットカードで

水道光熱費を口座引き落としにすると、コンビニなどで払うより50円ほど割引があります。電気やガスも、会社によっては割引があります。また、**クレジットカード払いにすれば、1％くらいのポイントがつきます。**月の支払いが、あわせて1万5000円より高ければ、クレジットカード払いのほうがお得になります。

買い物の効率化

「遅くに帰ってきて料理をする時間がない」。そんなときには、**閉店が迫ったスーパーで値引きされたお総菜やお弁当を購入**すれば、手間も省けて節約にもつながります。また、**最低限の食材で済ませられる1週間分の献立**を考えて買い物をすれば、その週の食費をぐんと抑えられます。ポイントが通常より多い日を選べば、さらにお得です！

クーポンや割引をチェック！

ポイントカードを持っている常連のお店だけでなく、**初めて行く場所でも、割引やクーポンがないかをサイトなどで要チェック！**最近では、携帯のアプリがポイントカード代わりになるところもあるので、財布もスリム化できて一石二鳥ですね。

プチ家庭菜園で楽しく節約

天候不順や災害が頻発して、野菜の価格が高騰することも増えています。**自宅の庭やベランダでプチ農業をする**ことで、そんなリスクに備えることもできます。お手ごろな栽培キットは、100均などでも売っています。ミニトマトや大葉、なすは虫がつきにくく、比較的育てやすいですよ。

もっと知りたい!
column 7

お得に楽しむ! ふるさと納税

実質2000円の負担で、各地の名産品が返礼品にもらえるふるさと納税。どうしたらお得に利用できるの?

お得に活用する2つのポイント!

①控除上限額の範囲内で利用する

ふるさと納税は、自分が応援したい自治体に寄付ができる制度で、寄付した金額から手数料の2000円を引いた残りが、住民税と所得税から控除されます。つまり、その分納める税金が安くなるのです。ただし、控除金額には上限があるので、上限の範囲内で寄付をするのがポイントです。年収や家族構成によって控除額の上限は異なりますが、年収300万円のシングルなら2万7000円(手数料2000円を除く)までが目安です。

ふるさと納税のサイトでシミュレーションができるので、源泉徴収票などを用意して計算してみましょう。

②生活の役に立つものを返礼品にもらう

もう1つのポイントが、生活の役に立つものを返礼品としてもらうことです。たとえば、A市への1万円の寄付で新米10kg、B市への5000円の寄付で野菜の詰め合わせ5kgをもらったとしたら、実質2000円の負担でお米と野菜が手に入ることになります。どちらも日々の食生活に欠かせないものなので、格安で手に入れることができて、節約につながりますね。

でも、何でも節約と考えて利用するのは、ちょっと味気ないもの。普段は手が出ない和牛や、いつか食べてみたいと思っていた憧れのスイーツなど、自分へのご褒美として利用するのもいいですね。

その保険料、払いすぎでは？

保険に入るなら必要最低限の保障で

もし保険に入るなら、ぜひ等身大の保険を選んでください。

等身大の保険とは、自分のライフスタイルに合った保険のことです。たとえば、独身なのに多額の死亡保険金が受け取れる保険に入っていませんか？　遺された家族を養わなければならないなら別ですが、**独身なら掛け捨ての医療保険で十分です**。

保険を選ぶときには、今何に備えなければならないのかをよく考えましょう。あれもこれもと、たくさんの保障をつけるのではなく、**最低限必要な保障に絞り、保険よりも貯蓄で将来に備えることがもっとも賢い選択です**。

医療保険は日額5000円給付でOK！

すでに保険に入っている人は、保障内容をしっかりとチェックして、最低限の保障以外は見直すことも大切です。

医療保険は、差額ベッド代を考慮して保障金額を考える人も多いようですが、差額ベッド代の平均は個室で6155円、2人部屋なら平均3108円です。食事代や雑費を考えても、**日額5000円の給付で賄えます**。

足りない分は貯蓄でカバーすることもできるので、保険は必要最低限でいいのです。

保険の入りっぱなしは損！

人生の転機や
3年ごとに
見直しを…!!
家購入
出産
子ども独立
保険
じ――っ

3年に1回は保険の見直しをして

最近では、安くて保障やサービスの充実した保険が次々に出てきています。高い保険料だからといって、よい商品とは限らないのが保険というものなので、定期的に見直しましょう。だいたい3年に1度くらいは、保険料と保障内容を見直すことをおすすめします。

ライフステージの変化があったときは、保険の内容を見直すタイミングです。結婚したとき、子どもが産まれたときには、医療保険だけでなく、万が一に備えて死亡保険金が受け取れる保険にも入ったほうがよいでしょう。

そのときそのときの状況に合わせて、保険とは賢くつきあっていきましょう。

どんな保険を見直すべき？

生活や年齢が変われば、必要な保障額が変わるのは当たり前のこと。お金がもっとも必要なときは、どんなときでしょうか？

Q. どんなときに見直す？

A. 大きなタイミングは、結婚、出産、住宅購入、子どもが独立したときです。それぞれ必要な保障に絞って、お金と財布に余裕を持たせましょう。

ライフステージによる必要保障額の変化

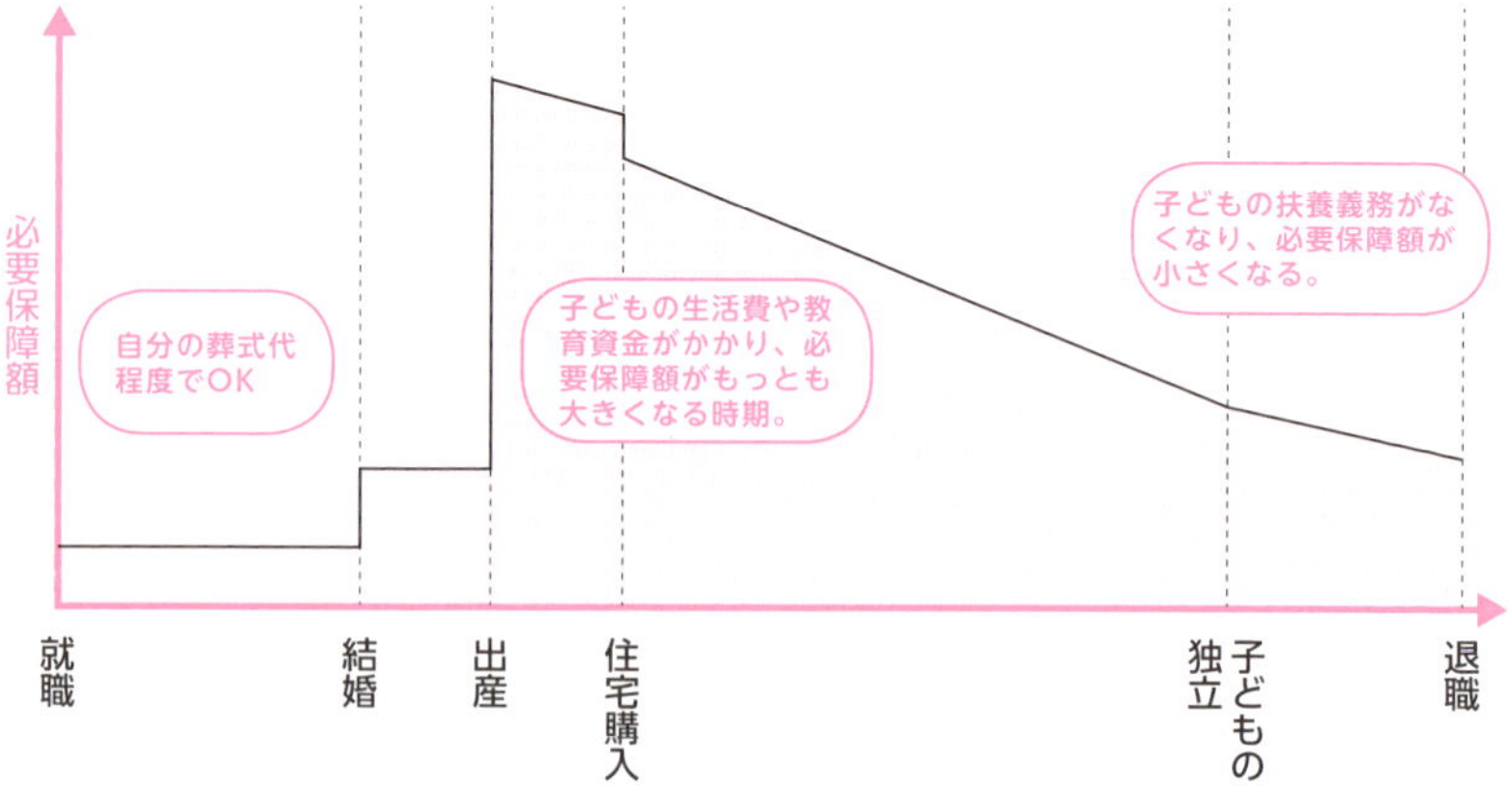
必要保障額
自分の葬式代程度でOK
子どもの生活費や教育資金がかかり、必要保障額がもっとも大きくなる時期。
子どもの扶養義務がなくなり、必要保障額が小さくなる。
就職
結婚
出産
住宅購入
子どもの独立
退職

Q. 保険は減らしたい。でも病気や要介護になったときのお金は心配…。どうする？

A. 54ページを参考に、もし介護が必要になったときでも補えるほどの貯蓄が十分にあれば、保障は減らしてもいいでしょう。ただし、それだけでは老後の生活に不安があったり、心もとないときは、預貯金や保険だけでなく、「投資」という手段を取り入れるのもオトナ女子としての賢い選択。まずは4章で、投資信託について勉強をし、もしものときや快適な老後に備えましょう。

もっと
知りたい!
column 8

収入減、失業に備えるには?

思いがけず職を失ったり、働けなくなることは、誰の人生にでも起こりうることです。そのための備えや公的支援について考えましょう。

月収の6か月分の貯蓄で「考える時間」を作る

突然の病気で働けなくなったり、子どもができて産休・育休を取ったり、失業や予期せぬ収入減は、誰の人生にも起こりうることです。それらに備えるためには、月収6か月分の貯蓄を作っておくといいでしょう。半年分の貯えプラス、失業給付や育児休業給付などの公的支援を受けることができれば、転職先を検討する時間が持てますよね。自分や家族の「もしも」に備えるため、まずは月収6か月分の貯蓄を目標にしましょう。

失業したらすぐに失業給付金の受給手続きを

雇用保険から失業給付がもらえるのは、これから就職の意思がある人のみです。家業の手伝いや、自営業を始めた人には給付されません。

また、離職理由によっても、給付の内容は異なります。倒産やリストラなど会社の都合で離職した人や、労働契約の期間が満了する前に次の仕事が紹介されない派遣社員や、病気やけがなどで離職した人の場合は、申請から7日後に、最大330日間給付されます。転職などの自己都合による離職は7日+3か月後に給付され、給付日数は最大150日です。

失業したときは、会社から「雇用保険被保険者離職票」を受け取り、できるだけ早くハローワークで求職の申し込みをし、離職票を提出するといいでしょう。受給説明会に参加するなどして失業の認定を得てから、失業給付金が給付されます。

住宅ローンは**急いで返さなくてもいい**

ローンの繰り上げ返済より**貯蓄を優先**して

ほとんどの人にとって、家は一生で一番高い買い物です。30年、35年とローンが続く間は利子も払い続けているので、繰り上げ返済がお得と考える人も多いでしょう。

でも、**今の住宅ローン金利は低金利なうえ、住宅ローン控除（10年間、住宅ローン残高の1%を所得税から控除）などもあります**。実際に払う利息はそれほど重くありません。

ですから、**繰り上げ返済をするよりも、優先すべきことは貯蓄です**。いざというときの選択肢が増えるからです。

高い金利で住宅ローンを組んでいたら、借り換えをして金利を低くすることもできます。**①残高1000万円以上、②金利差1%以上、③返済期間10年以上**、この3つすべてに当てはまれば、確実に借り換えたほうが得といえるでしょう。

残高よりも金利が大事！

一方、余裕資金があるならできるだけ早く返したほうがよい借金もあります。

たとえばクレジットカードの残高。金利2%の住宅ローン（残高2000万円）と、金利15%のリボ払い（残高40万円）がある場合、余裕資金50万円で繰り上げ返済をするとしたら、どちらを優先すべきでしょうか？

車のローンと住宅ローン、早く返すべき？

【例】
車のローン　金利 2.8%　残高 100 万円
住宅ローン　金利 1.5%　残高 2000 万円

貯蓄があるなら金利の高いローンから返して

余裕資金があるならば、金利が高い車のローンから繰り上げ返済をしましょう。

※基本は急がなくてもOK！

貯蓄が 100 万円以下なら貯蓄を優先にしてOK！　少し余裕ができたら、車のローンから繰り上げ返済を。

答えは、リボ払いのほう。**残高の多いものではなく、金利が高いものから優先して返済しましょう。**金利が高ければそれだけ返済総額が大きくなりやすいうえに、元本がなかなか減らないので、いつまでも利息を払い続けることになるからです。

住宅ローンは金利が安く、途中で死亡したとしても団体信用生命保険に加入していればローンが残りません。そこまで慌てて返す必要はないのです。

POINT

団体信用生命保険って？

住宅ローンの返済途中に契約者が死亡すると、本人に代わって生命保険会社が残債をすべて払うもの。民間金融機関の多くは、この団信の加入を住宅ローン借入れの条件にしています。

無駄遣いしない自分になれる4つの作法

1 “美”に対する自己投資はトータルコストで考える

服、スキンケア、メイクやネイル……。女性が自分をキレイに見せるための投資は、毎日のモチベーションを高める大切な支出です。何を重視して何を節約するのか、バランスを考えることが大切です。たとえば1 回7000 円のジェルネイルのサロンに3 週間に1 回通い続けたら、1 年で約12 万円。これは必要コストですか？　自分には高いですか？　必要コストなら、その他の美容費用を節約しましょう。自分には高いと感じたのならこの習慣は見直したほうがいいですね。

2 物を整理してコスト削減

物にかかるコストは、買ったときのコストだけではありません。物を維持するコスト、物が占めるスペースのコストも意識してみましょう。身近なところから始めるなら、毎日持っているバッグの中身を最小限に。財布、スマートフォン、化粧ポーチ、ハンカチ、ペン、家の鍵、そしてあなたのセンスをアップさせてくれる何かを1 つだけにしましょう。

3 姿勢美人は“お得”！

あなたを素敵に見せてくれるのは、高い小物や服ではありません。美しい姿勢、品のいいしぐさこそが、あなたを素敵に見せてくれるのです。美しい姿勢でいることには、リーズナブルな洋服でも安っぽくならない成果があります。費用対効果という意味では、「コストゼロ」の最強の投資といえます。

4 贈り物は時間と気持ちにお金を使う

誰かに物を贈るとき、「ただなんとなく」で選んでいませんか？　また、旅先で買ってきたお土産を、とりあえず大勢にばらまいていませんか？　そんな贈り物は、相手のことを本当に考えて選んだものとはいえないですよね。大切な人へのお土産や、手土産などは心を込めましょう。物を贈るのではなく、気持ちを伝える……と考えてみるといいですね。

もっと知りたい！
column 9

無駄遣いはない？節約徹底チェックリスト

身の周りの生活を見直して、あてはまるものをチェックしてください。数が多ければ要注意！

お買い物編

- □ 特売品を買い溜めして、食べ切れないことがある
- □ 気が向いたときしか自炊をしないので、食材が余る
- □ ペットボトルのお茶や缶コーヒーをよく買う
- □ 割引率につられて、予定外のものまで買ってしまう
- □ 日用品の買いおきをしている
- □ プチプラ（安価）なら衝動買いをしてもいい気がする

家事・日常生活編

- □ シャワーや水道の流しっぱなしが多い
- □ 洗濯物を干すのは面倒だから、よく乾燥機を使う
- □ エアコンのフィルター掃除をしたことがない
- □ 炊飯器は翌朝まで保温している
- □ 冷蔵庫がパンパンで、要冷蔵以外の食材も入っている
- □ 毎月課金されているアプリがあるかも!?
- □ 加入したケーブルテレビをほとんど見ていない
- □ 家であまりパソコンを使わないが、インターネット回線を契約している
- □ 携帯電話のプランをしばらく見直していない
- □ 使わないクレジットカードの年会費を払っている

貯蓄編

- □ 振込手数料や、ATM の手数料を気にしていない
- □ 各銀行の金利の比較は正直面倒だ
- □ 面倒なので、1 つの口座にとにかくお金を入れてある
- □ お金が残ったときだけ貯蓄に回す

4章

早く始めて！コツコツ投資信託のススメ

投資をしないことがリスクになる時代

「投資で失敗するより、何もしないほうが結局は得じゃない？」
「とにかくマイナスにはしたくない」
そう考えて、投資を避けてはいないでしょうか。

でも、現状維持ができればそれで大丈夫という考えそのものが、知らないうちに下りエスカレーターに乗っているようなものなのです。気がついたときには、目指す未来からずっと離れたところに行ってしまっているかもしれません。

投資に前向きになれない人は、「働いて稼いだお金を大事にしたい」といいます。投資というと、なんだか一攫千金のギャンブ

ルのようなイメージがあるからかもしれません。「投資はこわい」「投資はずるい」……そんなマイナスイメージを、この章で考え直してみてください。

投資について知ることは、お金を味方につけること、お金に関する知性を磨くことなのです。
知れば知るほど、投資をしないことが、どれだけリスクのあることなのかがわかるでしょう。

それに、投資の勉強をすることは、あなたを取り巻く世界について知ることでもあります。これまで経済やニュースに興味がなかったという人も、この章をきっかけに投資の第一歩を踏み出し、お金に関する知性を磨いていってもらえたらと思います。

「投資」ってこわくない!?

こわいと思うのは「知らない」から

投資はこわいものではありません。**「なんとなくこわい」と思うのは、投資をよく知らないからです**。

銀行に預けている私たちの預貯金も、銀行によって投資されています。超低金利でも利子がつくのは、そういった投資によって預けたお金が増えているから。

投資は私たちの身近にあるのです。

「還元率」という言葉をご存じですか? 「掛け金に対して払い戻されるお金の平均的な割合」を示す用語です。

たとえば還元率80%のギャンブルに1000円を投じると、払い戻されるのは平均800円です。

宝くじを買うほうがリスク

競馬の還元率は約75%、サッカーくじは49・6%、宝くじはわずか45・7%です。投資をあえて還元率で表現すると100%を超えるともいえます。

どちらが「リスク」かは一目瞭然ですね。

投資には常に元本割れというリスクがつきまといます。でも、そのリスクは限りなく小さくすることができます。もっとも危険なのは、リスクの高い商品で一攫千金を狙ったり、わからないまま儲け話に飛びついてしまうこと。

私たちが目指すのは、**短期で儲けることではなく、安定して貯蓄を増やしていくことです**。

ギャンブル VS 投資…それでも投資がこわい？

それぞれの還元率

サッカーくじ	還元率 49.6％
宝くじ	還元率 45.7％
公営競技	還元率 74.8％
投資	還元率 100％以上も!?

↓

投資はこわくない！
宝くじを買うくらいなら、投資を始めよう！

投資は「賭け」じゃない！

投資とギャンブルの違いは？

投資と似た言葉に「投機」があります。このふたつはどう違うのでしょうか？

投機とは、ひとことでいえば「ギャンブル」です。当たるかどうかは不確実だけれど、当たれば大儲けというもの。当たらなかったら、大きく損をします。

一方、投資はギャンブルとはまったく異なります。**現在の状況や将来性を考え、リスクについても検討をしたうえで行なうものです。**

「株式だって、大きな損が出ることがあるのでは？」と思うかもしれません。その通りです。話題の企業だからとか、人がすすめていたからなど、自分で考えずに投資をして損を出せば、それは「ギャンブル」＝投機です。

リスク・リターンを見据えるのが投資

同じ損を出してしまったとしても、自分なりに勉強・分析し、リターンを見据え、リスクを小さくする努力をしたうえでの失敗なら、それは投資です。かりに失敗しても、次の投資に役立つ経験になるでしょう。

本書では、長期的なリターンをしっかりと見据え、リスクを最小限に抑えてお金を増やしていくスタイルの投資をおすすめします。**専門知識がなくても心配いりません。どこで何を買え**

ばいいか、この章を読んで参考にしてください。

最低限これだけは知っておきたいこと

株式でも投資信託でも、始める前に次の3つは最低限知っておきましょう。

①どんな仕組みの金融商品か
②手数料はいくらか
③どんな種類の利益があるのか

まずはこうした3つのことを知る・見てみる、というところから、実際に投資を始めてみてください。そして、だんだんと投資の〝感覚〟を磨いていきましょう。

コツコツ投資は早く始めたほうがいい

これからの時代 投資をしないほうがリスク

オトナ女子世代は、投資をしないことがリスクになる世代です。なぜなら今は、地道な貯金だけでお金が増える時代ではないからです。

年金は今でさえ、普通に暮らしていくのに月5万円～6万円不足しています。私たちが老後を迎えるころには、毎月10万円～15万円くらいの赤字になるでしょう。お給料も上がる見込みは少なく、金利も低い状況です。

将来お金が足りないことがわかっていながら何も手を打たないのは、大きなリスクといえます。**若い今こそ、時間という武器を使って、長いスパンで資産を増やしましょう。**

どうしても投資に抵抗感がある人は、個人向け国債から始めてみてもいいですね。国債とは、国が発行する債券のこと（くわしくは159ページ）。金利は銀行の定期預金よりやや高い程度ですが、**個人向け国債は元本割れしないので、貯金感覚で安心して始められます。**

若いということは最大のメリット

「NISA」（ニーサ）という言葉を聞いたことがある人も多いはずです。NISA（少額投資非課税制度）は、投資で得た利益が非課税になる制度のことです。通常、利益には約20％の

税金がかかりますが、NISAなら税金がかからないのです。

投資信託の説明書ともいえる「目論見書」の様式が統一され、投資家にとってよりわかりやすくなるなど、情報公開の制度も整っています。投資に必要な金額もどんどん少額になってきていて、ついには100円から始められるようになりました。**投資がしやすい状況が整っている「今」がチャンスなのです。**

貯蓄は早く始めれば始めるほどいいものです。投資も同じ。**長くコツコツと続けるほどリスクは小さく、リターンは大きくなります。**時間があるということは、それだけ大きなメリットになります。

投資の仕組み（投資信託は128ページ参照）を知り、今すぐ始めましょう。

あなたのライフプランは？

あなたはどのような人生を送り、どのように過ごしていきたいですか？　未来を思い描きながら、必要なお金を書き出してみましょう。

失業の
可能性も？
1回お休み

年　　万円

転職

年　　万円

資格取得

年　　万円

転職

年　　万円

専業主婦

年　　万円

ひとり暮らし

年　　万円

出産

年　　万円

結婚

年　　万円

引っ越し

年　　万円

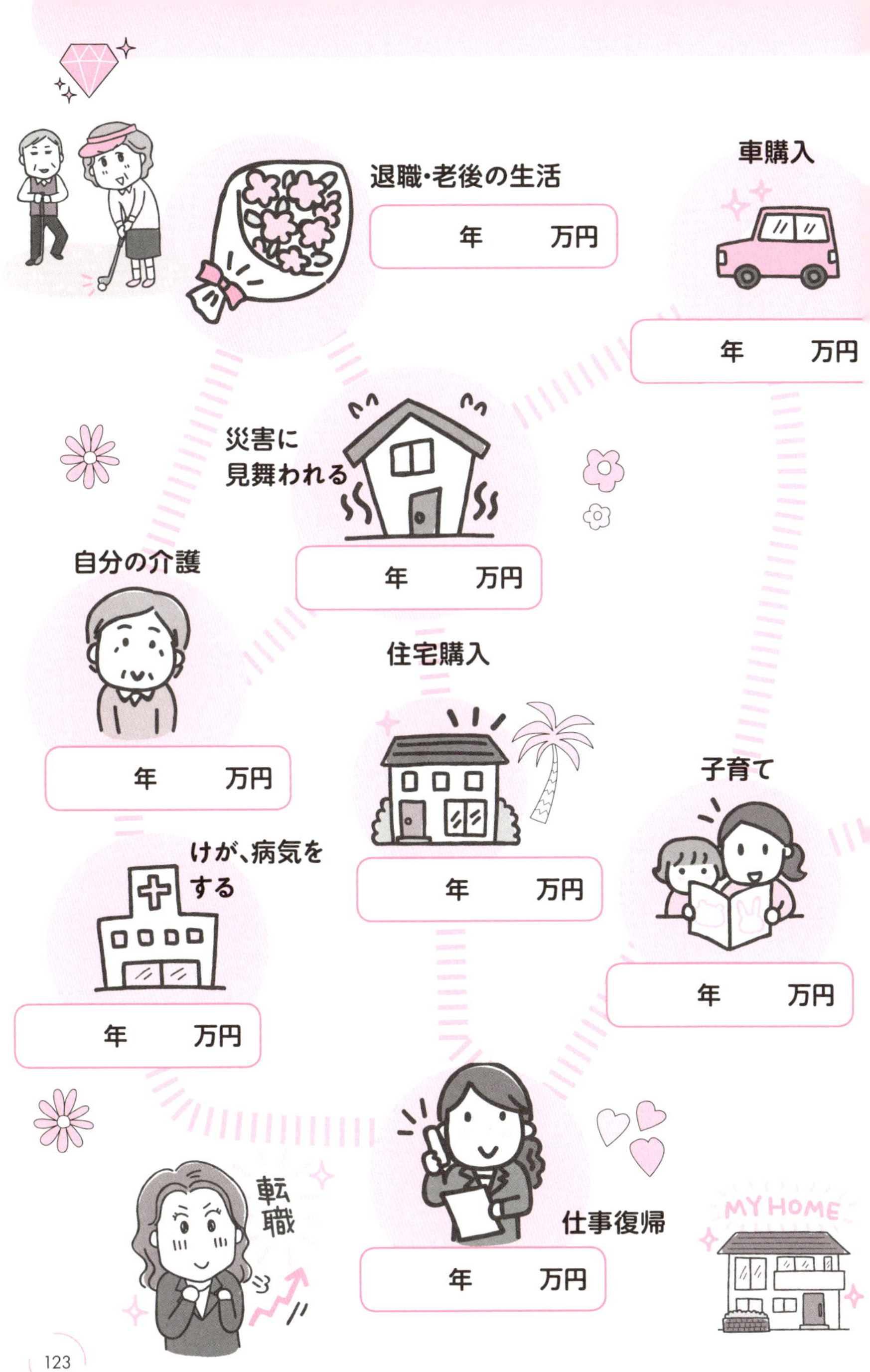
退職・老後の生活
年　万円
車購入
年　万円
災害に
見舞われる
年　万円
自分の介護
年　万円
住宅購入
年　万円
子育て
年　万円
けが、病気を
する
年　万円
転
職
仕事復帰
年　万円
MY HOME

お金を増やす「72の法則」って何？

貯蓄が2倍になるには何年かかる？

30歳のAさんが、今ある貯蓄を2倍にするには、何年かかるでしょうか？ 仮に年3％で運用するなら、『72÷3％＝24年』となります。これは「72の法則」といって、

①**貯蓄が2倍になるまでに何年かかるか**

②**年利何パーセントで運用すれば、希望する時期までに貯蓄が2倍になるか**

ということがざっくりわかる計算式です。

Aさんが「10年で貯蓄を2倍にしたい」と思ったら、年利何パーセントで運用すればよいでしょうか？ 『72÷10年＝7・2％』です。

複利の効果で長く運用するほどトク

この場合の金利は複利であることが前提です。**複利とは、元本（元手となるお金）だけでなく利息を含めた全体金額に利息がつくことです**。元本だけに利息がつくことは単利といいます。

複利と単利でどれくらい差が出るのか、100万円を年利3％で運用した場合で比較してみました（左ページ表）。

5年後には単利と複利の差額は9274円、10年だと4万3916円、20年だと20万6111円にもなります。**複利の効果は、時間が長いほど大きな差になるのです**。

72の法則で目標を立ててみよう

72の法則の基本は『72÷2倍になるまでの年数＝金利（%）』。
この法則により、X年までに2倍にするためには、
何%の金利で運用すればいいのかがわかります。

【例】 貯蓄800万円のA子さん(40歳)。65歳までに2000万円の貯蓄を目指しています。毎年60万円の貯蓄で1200万円にはできますが、800万円が不足。貯蓄のうち400万円を投資の元手とし、25年で倍の「800万円」にするには？

〔計算式〕
72÷25年＝2.88%
➡『年利2.88%』で
運用すれば25年で2倍になる！

単利と複利でどこまで差が出る？

元本にだけ利息がつく「単利」と、その利息も含めた全体金額に利子がつく「複利」では、長く運用すればするほど、大きな差が出ます。

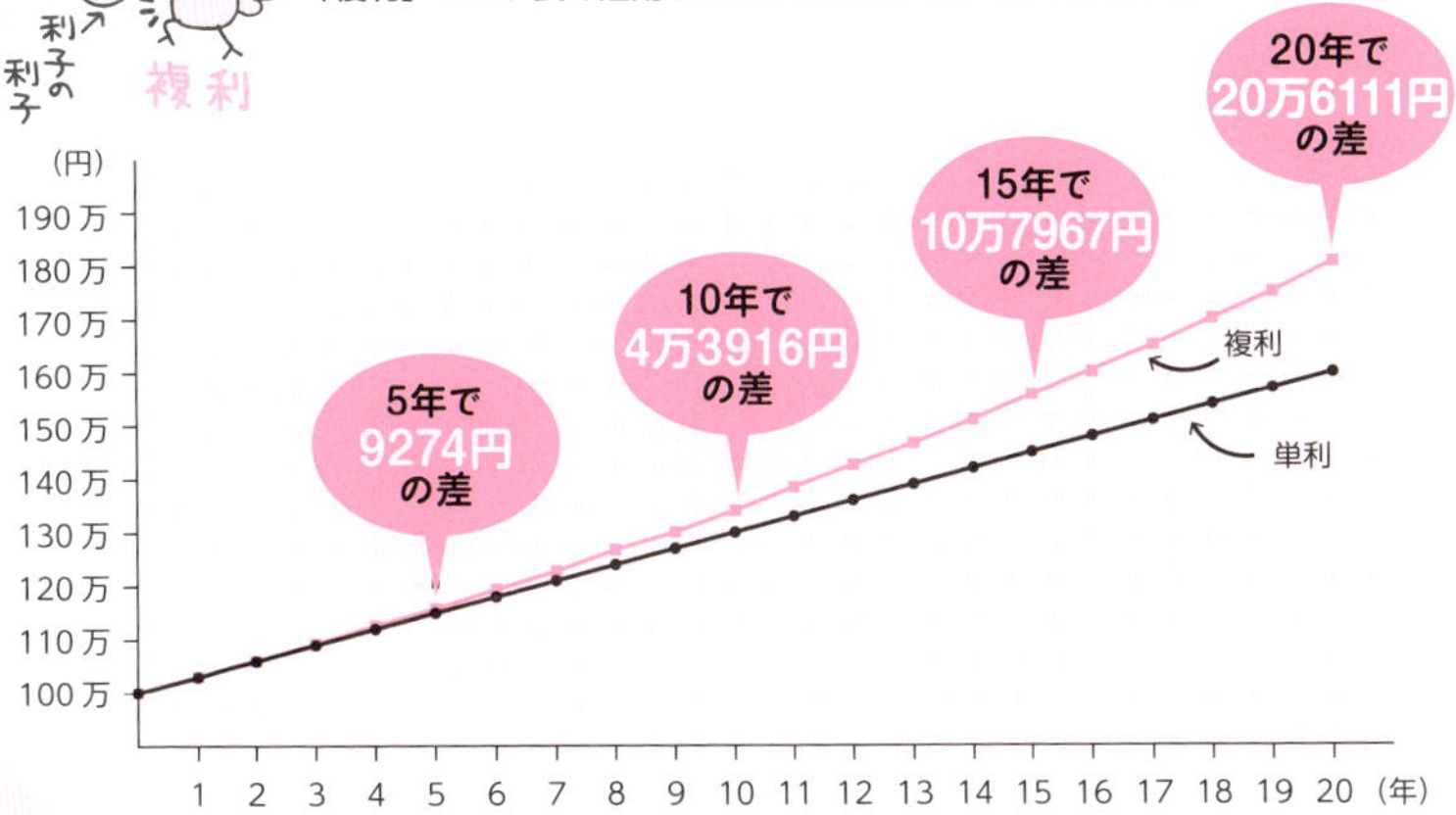

※元本100万円とした場合

貯蓄だけではお金は増えない！

お金を寝かせず働かせよう！

もはや、普通預金の金利はほとんど0です。銀行にお金を預けるのは、いってみればお金を寝かせているのと同じこと。でも、**投資はお金を働かせます。お金がお金を増やしてくれるので、貯蓄のスピードが上がります。**「1円でも損したくない！」というなら貯蓄でもいいですが、貯蓄が増えるスピードは遅いでしょう。

100万円を投資して年3％で運用できれば、10年後には130万円になります。さらに複利で運用すれば、10年後には約134・4万円に。一方、貯蓄だと利子はわずか1000円（年利0・01％で計算）なのです。

毎月の貯蓄の半分を投資に回そう

投資はもちろん、元本が保証されているものではありません。そのため利益が出ることもあれば損をすることもあります。

リスクを小さくするには、一攫千金を狙わず、コツコツと一定の金額を積み立てる投資信託を長期間続けることが重要です。

投資にあてる資金は毎月の先取り貯蓄の半分が目安です。**収入の2割を貯蓄するとして、1割は預金に、1割を投資に回すのです。**

絶対にダメなのは、生活費から投資資金を出すこと。投資資金は、余裕資金（貯蓄）の中から出すようにしましょう。

預金と投資、その差は？

●一般の銀行の定期預金 ……… 年利0.01％で100万円を複利運用した場合

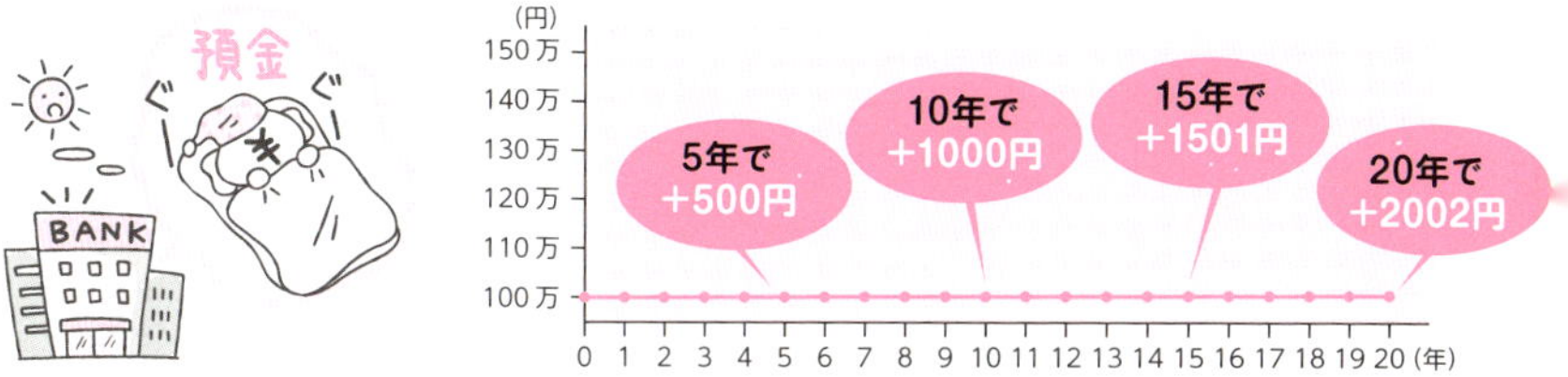

●ネット銀行の定期預金 ……… 年利0.2％で100万円を複利運用した場合

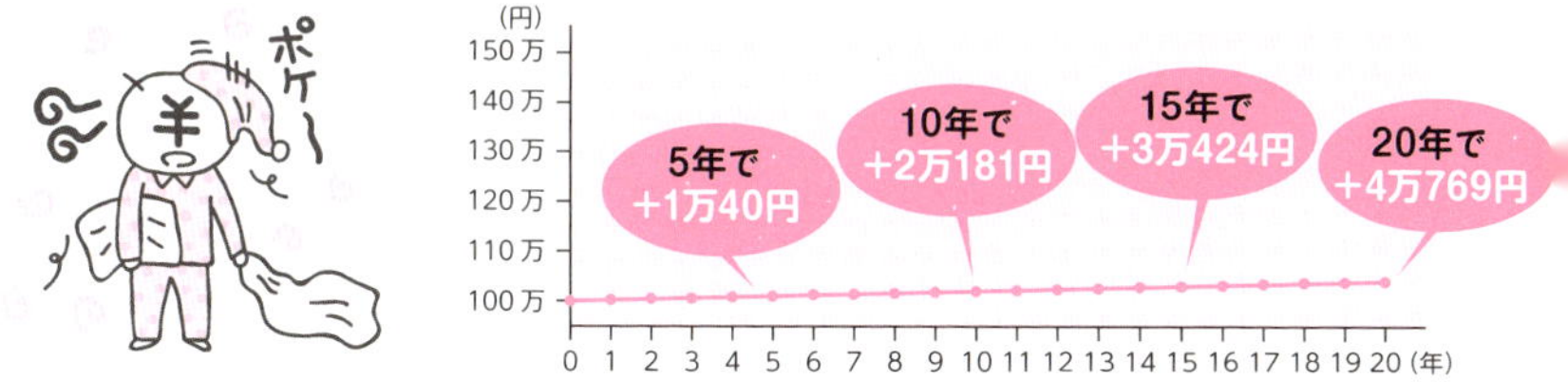

●投資 ……… 年利3％で100万円を複利運用した場合

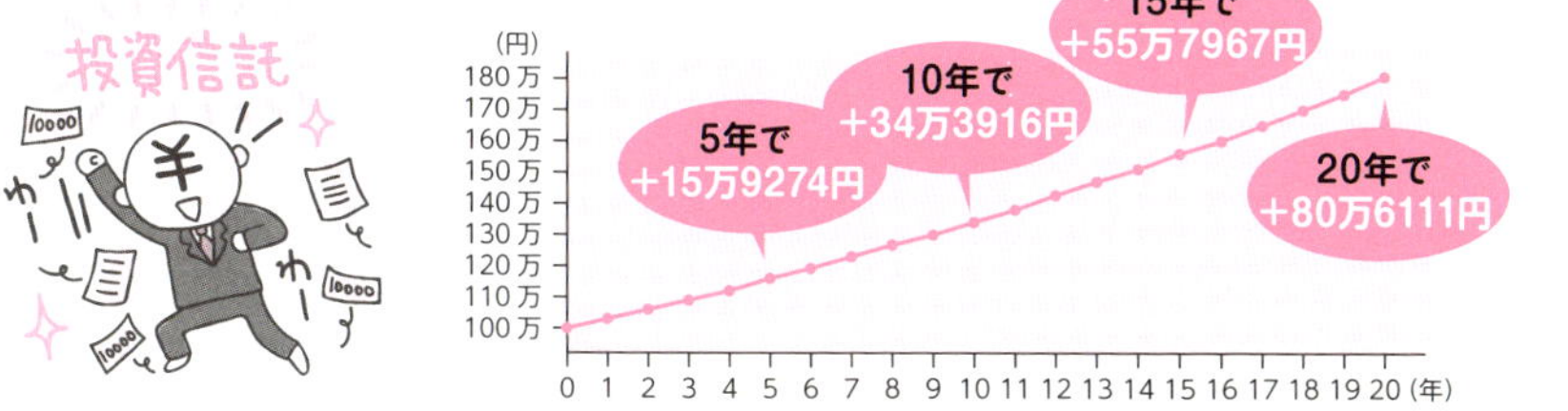

➜20年で80万円の差が！

投資は元本割れのリスクはありますが、運用次第では預金よりもはるかに大きなリターンが得られます。

（注）実際には税金が引かれるので、手元に残るのは表記の金額より少なくなります

投資信託の仕組みを知ろう

投資信託はオトナ女子におすすめ！

「経済の難しい話はわからないけれど、今より着実にお金を増やしたい！」というオトナ女子にぴったりなのが、ズバリ投資信託です。「投信」「ファンド」とも呼ばれます。

投資信託は、世界中の投資家から集めたお金をひとまとめにして、運用会社が株式や債券、不動産など、さまざまな商品に分散して運用します。そしてその利益が、投資家に分配されるのです。

つまり、**自分のお金をプロに運用してもらい、そこで発生した利益を自分が出した金額に応じて受け取る**という仕組みです。

投資のプロが運用してくれる

また、その投資信託の特徴である分散投資が、投資信託のリスクを小さくしています。

もし、1つの株式に投資をした場合、その株価が下がればその分損が出てしまいます。それを防ごうと思ったら、複数の株式に投資すればいいのですが、多額の投資資金が必要です。一方、**投資信託は、1つの商品が、株式や債券、不動産などさまざまな対象に分散投資をしているので、自分で考える必要がありません**。

運用を行なっているのは、ファンドマネージャーという専門家です。ですから、ひとたび購入したら、基本的には任せっぱなしでもよいのです。

投資信託って何？　どうやって投資するの？

投資のプロが投資先の選択や変更を行なうので、基本的には任せっぱなしでOK！

投資家は、証券会社や銀行などの販売会社を通じて、投資信託を購入！

利益が出たら、購入した口数に応じて、投資家に分配金（137ページ参照）が！

投資先はさまざまな株式、債券、不動産などに分散されているのでリスクが小さい！

収入の1割を投信積立するのがイイ！

月収の1割を自動で積立していこう

第2章では、毎月の収入の2割を自動的に貯蓄に回しましょう、という話をしましたね。投資信託についても同じことがいえます。

投資信託の中でも、毎月一定の金額を積み立てていく「投信積立」がおすすめです。投資信託の積立は、**きちんと勉強をして始めればリスクが小さく、貯蓄よりずっと大きな利回りが期待できるからです。**

短期間で大きく儲ける投資ではないので、長期間にわたってコツコツ続けることが大切です。毎月先取り貯蓄している2割の半分、つまり手取り収入の1割を自動的に投信積立に回す仕組みを作りましょう。そのためには、

①生活費用口座から投資用口座への自動送金
②毎月一定額を積み立てる投資信託の設定

の2つが必要です。自動送金については2章の68ページ、投信積立の始め方は140ページでくわしく紹介します。

月々買うことで変動リスクは小さくなる

投資信託の運用成績は毎日変動します。それによって、1万円で買った商品が1万500円になったり9500円になったりします。安い

ときに買って値上がりすれば、利益が出ます。でも、いつ値上がりするかの判断は素人には簡単ではありません。

そこで、**一度にまとめて大きな金額を投資するのではなく、毎月決まった金額を投じることで投資タイミングをずらし、値動きの影響を少なくします。**

このコツコツ積立こそ、リスクを小さくするカギなのです。

POINT

投資信託の購入方法

積立のほか、一括で一度に購入する方法もあります。ただ、この場合「買いどき」の見極めが難しくなります。投信積立ならば、いつ買ってもあまり変わらないので、今すぐに始められます。

リスクにもしっかり対抗しよう

2つの方法でリスクに対抗できる

投資にはリスクがあり、そしてその代表的なものが当初のお金が目減りしてしまう「元本割れ」です。なぜ投資信託の価格が下がるのか。これには次のような理由があります。

●価格の変動リスク

株式や債券の価格が下がることです。たとえば、新興国の債券は利回りがよいかわりに価格変動も大きく、投資信託の価格を下げる原因になることもあります。

●為替の変動リスク

海外の株式や債券は、為替変動の影響を受けることがあります。そのため為替の変動によって利益が出ることもあれば、損が出ることもあります。

●カントリーリスク

投資している国や地域の政治的・経済的状況が変化した場合に、大きな損が出ることがあります。特に、新興国への投資はリスクが大きくなります。

こうしたリスクに備える基本的な考え方は、

①投資する先を分散する（資産分散）
②投資する時期を分散する（時間分散）

の2つだけです。この2つを兼ね備えているのが、投資信託の積立なのです。

リスクに対抗するには？

時間分散

少しずつ時期を分けて買うこと。購入価格を平均化し、トータルで見ると価格変動のリスクを低減できる。

➡ 投資信託の積立なら
すぐに実践できる！

資産分散

値動きの違うものに資金を配分すること。株式、債券、外貨など複数の金融商品に資産を分散すれば、１つのダメージをほかでカバーできる。

➡ 投資信託なら
１つの商品でそれが可能！

資産分散、具体的には何を選べばいい？

資産分散の基本的な考え方は、値動きの違うものに資金を配分するということ。その代表的なものは？

●業種の分散

円安でプラスになる輸出企業の株式を買ったら、円高で有利になる輸入企業の株式を買うなど、違う値動きをする業界に分散すると、片方のダメージを補い合えます。

反対の値動きをする業種例

輸出企業 ⟷ 輸入企業

●地域の分散

日本株式以外にも米国株式や中国株式もあわせて買うなど、国内と海外に資産を分けるとリスクを小さくできます。投資信託なら「先進国」「新興国」など、いくつかの国にまとめて投資する商品もあります。

投資する地域例

国内	海外先進国	海外新興国
日本国内の株式や債券、不動産、それらで運用する投資信託など。	アメリカ、EU、オーストラリアなど欧米を中心とした先進国への投資。	中国、インド、ブラジル、ロシアなどの新興国への投資。

●通貨の分散

円での資産だけでなく、米ドルとユーロ、豪ドルなど、複数の通貨で資産を持っておくと、リスクが減らせます。各国の通貨の為替相場は、互いの力関係で変動します。

オススメ! 資産分散のもっとも手軽な運用は、バランス型の投資信託（バランスファンド）！ 142ページを参考に商品を選んでみましょう。

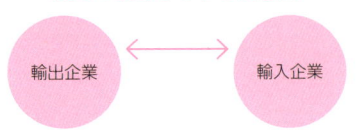

時間分散はどれだけお得？

購入するタイミングを分けて投資する時間分散。一定額を決めて定期的に投資していくことを、「ドル・コスト平均法」といいます。時間分散の基本的な考え方とは？

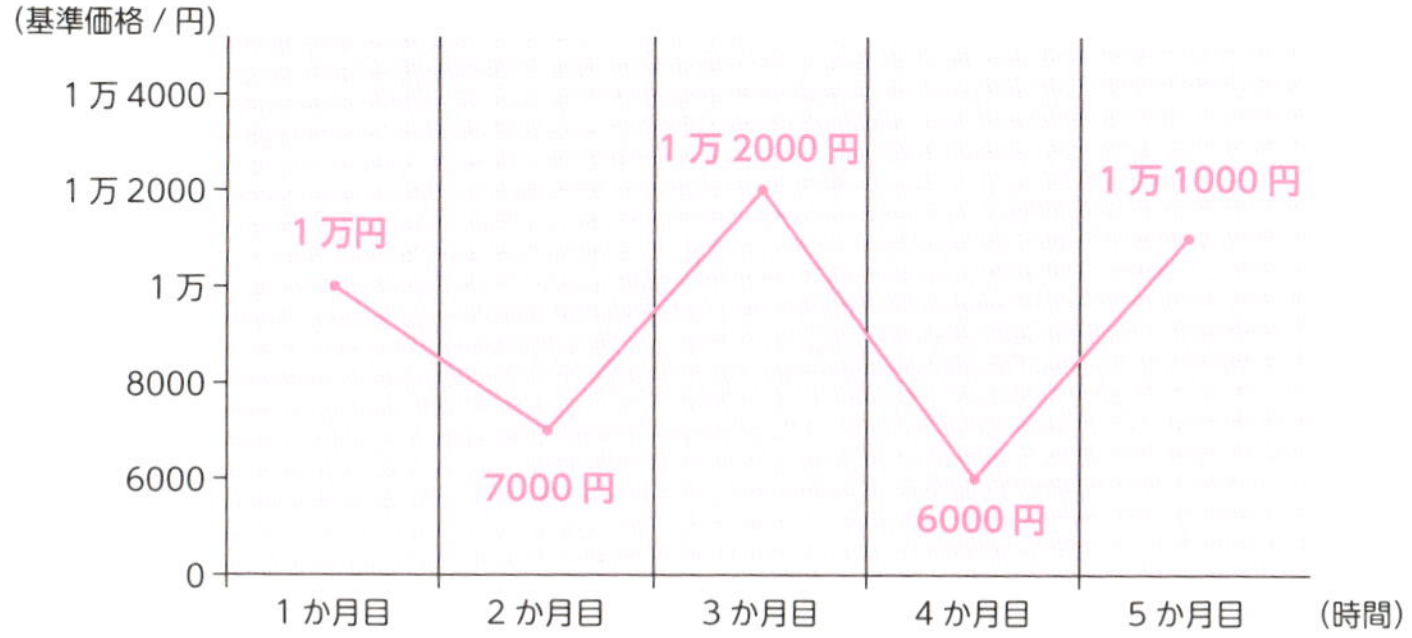

定量購入

	1か月目	2か月目	3か月目	4か月目	5か月目	計	平均すると
投資数量	1万口	1万口	1万口	1万口	1万口	5万口	1万口
投資金額（円）	1万円	7000円	1万2000円	6000円	1万1000円	46,000円	9,200円

一括購入

	1か月目					計	平均すると
投資数量	1万口					5万口	1万口
投資金額（円）	5万円					50,000円	10,000万円

定額購入

	1か月目	2か月目	3か月目	4か月目	5か月目	計	平均すると
投資数量	1万口	1万4285口	8333口	1万6666口	909口	5万8374口	1万口
投資金額（円）	1万円	1万円	1万円	1万円	1万円	50,000円	8,565円

↑安いときにたくさん買える　↑高いときには少ししか買えない

もっとも安くておトク

オススメ! 時間分散をするために、投資信託では「投信積立」（130ページ参照）が利用できます。

年3%リターンを目指そう

日々の値動きに一喜一憂しなくていい

投資を始めると、毎日のように自分が持っている資産の値動きをチェックしたくなりますよね。自分が購入したときより価格が上がればうれしいし、下がれば心配になるでしょう。でも、一喜一憂する必要はありません。

短期間に大きく儲ける目的で投資するわけではないので、長い目で考えればいいのです。

投資信託のリターンには主に売却益と分配金がありますが、それらをあわせて「年率○%」という形で考えましょう。

目標は、年に3%のリターンです。

長期になるほど安定する

うまくリターンが出る年もあれば、ときには苦戦する年もあるでしょう。でも、10年で平均して年3%のリターンを出すことは、難しいことではありません。むしろ手堅いリターンといえます。

年3%でも、**定期預金の利率と比べれば、お金の増え方は断然違います。**

投資は長期になればなるほど、利回りが安定してくるもの。10年単位でリターンを出せればいいと考えれば、気持ちに余裕が持てるのではないでしょうか。

少額で始めて、だんだんと投資金額を増やしていけば、リターンも増えやすくなるでしょう。

投資信託のリターンって何？

投資信託で得られるリターンには、大きく分けて次の２つがあります。

❶ 売却益	投資信託の購入価格と売却価格の差額から生まれる利益。購入価格よりも売却価格のほうが高くなったときに得られます。
❷ 分配金	運用益が発生した場合に投資家に支払われるお金で、３か月や１年に１回など頻度が決められています。

投資は「100円」でもできる！

投資はお金持ちだけがやることではない！

投資を始められない人の中には、「投資はお金持ちのやること」と思っている人も多いのではないでしょうか。

たしかに、少し前まではある程度まとまったお金が必要でした。でも、今は違います。

金融商品には、いくらから買えるという「最低購入金額」が決まっています。たとえば最低購入金額が1万円なら、1万円ないと投資が始められません。**この最低購入金額はどんどん下がってきていて、とうとう100円から投資信託の積立ができるようになりました**。

効率よくお金を増やすためには、手取り収入の1割の積立がおすすめです。でも、ハードルを下げたい人は100円から始めてもいいですね。

積立の金額は途中で変更することができるので、慣れてから少しずつ増やしていくこともできます。

手数料が安い商品を選ぼう

少額で投資を始めるときに大事なのが手数料です。

投資信託には、購入するときの手数料（販売手数料）、保有している間の管理料（信託報酬）、解約する（売る）ときの手数料（信託財産留保額）という3つの手数料があります。

これらの手数料ができるだけ安い商品を選ぶのが、利益を出すためのポイントです。

特に、信託報酬は投資信託を保有している期間が長いほど、じわじわと影響が出てきます。0・1％の差でも大きいのです。**資産に対して「年0・5％以下」のものから選ぶのがよいでしょう。**

また、最近では「ノーロード」と呼ばれる販売手数料がかからない投資信託の商品も増えています。

最低購入金額は証券会社によって異なるため、どこの証券会社でも100円の投信積立ができるわけではありません。149ページに100円の投信積立ができるおすすめの証券会社を挙げているので、参考にしてみてください。

投資信託はこうやって始める！

まずは投資用の口座を作ろう

投資信託は、証券会社や銀行、郵便局などの窓口で買うことができます。投資信託の積立を始めるには、**証券会社や銀行で投資用の口座を作る必要があります**。

作った口座に入金するには、普通預金口座から送金する方法と、証券会社の窓口やＡＴＭで直接入金する方法があります。

投信積立をする場合は、給与が振り込まれる生活費用の口座からの自動引き落としが断然ラクです。

買い方は2通りある

投資信託は、銀行や証券会社の窓口、インターネットで注文することができますが、窓口での購入は仕事をしている人には不便です。インターネットでの取引がおすすめです。

①口数を指定して買う方法

②購入金額を指定して買う方法

があり、①の場合、たとえば2万口購入の注文をすると、2万口×「注文が確定した日（約定日）の基準価格（投資信託の値段）」を支払います。

②は「100円分買います」というように金額を決め、そのお金で買えるだけの口数を注文する方法です。135ページで説明したように、**時間分散をするなら②がおすすめ**です。

投資信託の流れ

❶口座開設・入金

投資信託を販売している証券会社や銀行で口座を作ります。ネットで申し込みをし、必要書類が届いたら新規口座にログイン。投信積立をする場合は、銀行の自動引き落としサービスの設定を行ないます。

❷投資信託を選ぶ

購入したい投資信託をウェブサイトで比較・検討し（142 ページ参照）、商品の内容を目論見書で確認しましょう。手数料はどうですか？　最低購入金額はいくらですか？

❸購入申し込み・買い付けをする

購入したい商品をウェブサイトで選択し、購入を申し込みます（サイトによって「注文」「買付」などと表現されています）。購入後に「取引報告書」を確認しましょう。

➡申し込み完了！

❹決算日に運用報告書を確認する

決算期ごとに運用報告書が発行されます。購入した商品によって、決算日・決算頻度は異なります。

❺利益の発生

1. 分配金がある商品を選んだ場合は、定期的に「分配金」が支払われます。

2. 基準価格が上がったところでウェブサイトで売却すると「売却益」が確定します。

2つのリターン

❻口座に入金される

分配金や売却益が口座に入金されます。分配金を受け取らずに再投資することも可能です。

この投資信託を買うといい！

リスクを分散したバランスファンドがおすすめ

バランスファンドとは日本株式、外国株式、国内債券、外国債券など複数の資産をバランスよく取り入れたバランス型の投資信託のこと。

それぞれの資産が違った値動きをするので、どれかが下がってもどれかが上がり、大きく値下がりすることを防いでくれます。バランスファンドを選べば、すでにリスク分散ができているので、初心者でも安心です。

どの資産をどれくらい組み入れるかは、各商品によって違い、それぞれ個性があります。

一般的に株式の比率が多いと、リターンもリスクも大きくなりやすいといえます。

おすすめ商品はコレ！

組み入れられている資産とその比率は、証券会社のサイトや目論見書で、手数料や運用実績も確認しましょう。

運用実績データの「純資産総額」が右肩上がりだと、たくさんの人がその商品を買っていて、運用もうまくいっているということ。逆に、下がっていると、運用がうまくいかず解約が多いということです。**直近の1年と、5年前をチェックしてみましょう。**

ノーロード（販売手数料なし）で信託報酬が安いもの（年0.5％以下が目安）を探してみましょう。「**セゾン・バンガード**」「**eMAXIS**」「**iFree**」などが代表的です。

オススメのバランスファンド

●100円から投資できる商品

①信託報酬　②購入単位　③運用会社　④資産配分比率　⑤特徴

eMAXIS Slim バランス（8資産均等型）

①年率0.2268％（税込、純資産が500億円未満時）　②証券会社により100円から購入可能　③三菱UFJ国際投信株式会社　④株式（国内・先進国・新興国）、債券（国内・先進国・新興国）、REIT（日本・先進国）の8資産　各12.5％　⑤バランスを重視した8資産均等型として、信託報酬の低さを含めて評価は高い。100円から積立可能となっているのは、楽天証券とSBI証券。

iFree 8資産バランス

①年率0.2376％（税込）　②証券会社により100円から購入可能　③大和証券投資信託委託株式会社　④株式（国内・先進国・新興国）、債券（国内・先進国・新興国）、REIT（日本・先進国）の8資産各12.5％　⑤上記「eMAXIS Slim バランス」とほぼ同内容。0.23％だった信託報酬が、2017年10月に0.22％（税抜）に引き下げられた。楽天証券とSBI証券で100円から積立可能。

●その他の商品

①信託報酬　②購入単位　③運用会社　④資産配分比率　⑤特徴

セゾン・バンガード・グローバルバランスファンド

①0.68％±0.03％（税込）　②定期積立プラン：5000円から、スポット購入：1万円から　③セゾン投信株式会社　④株式50％（米国・欧州・日本・太平洋・新興国）、債券50％（米国・欧州・日本・短期金融資産等）　⑤世界30か国以上の株式と先進国10か国以上の債券に分散投資が可能。世界最大級の投信会社バンガード社を投資対象とし、低コスト・良質な商品として評価も高い。

世界経済インデックスファンド

①0.54％（税込）　②証券会社により100円から積立可能　③三井住友トラスト・アセットマネジメント株式会社　④株式50％（国内・先進国・新興国）、債券50％（国内・先進国・新興国）　⑤高コストになりがちな新興国への投資比率が高めであるにもかかわらず、信託報酬は割安だといえる。SBI証券では100円から積立可能と、投資初心者にもうれしい設定。

※2017年11月現在

自分に合った投資信託を選ぶには？

●「投資対象」で選ぶ

特に注目したいのが、この「投資対象」の割合。どの程度のリスクを取り、リターンを狙うのかをじっくりと考えて選びましょう。

株式型の主な種類

★投資の幅が広がる
★選択肢が多い

●日本株式型　日本株式を70%以上組み入れ、債券も含む投資信託。株価の値動きが反映されるのでリスク・リターンは大きめ。

●海外株式型　外国株式を70%以上組み入れ、債券も含む投資信託。株価の変動のほか、為替の影響も受けるので、さらにリスク・リターンが大きめ。

●バランス型　70%未満の株式と債券で運用する投資信託。ある程度のリターンを見込みたいけれど、できるだけリスクを小さくしたい初心者におすすめ。

債券型の主な種類

★比較的安全性が高い
★値動きが安定している

●国内債券型　国債や金融債など公社債のみで運用。株式を含まないので値動きは安定しているが、リターンも小さい。

●外国債券型　株式を含まないので値動きは安定しているが、為替変動の影響は受けるので、国内債券型よりはリスクが大きい。

●内外債券型　国内外の債券に投資する投資信託。国内債券型と外国債券型両方の特徴をあわせ持つ。

●「運用方針」で選ぶ

運用方針は次の2つに分類することができます。コツコツ型の運用で長期で利益を出したい人には、インデックス型がおすすめといえます。

	インデックス型	アクティブ型
特徴	日経平均株価やTOPIXといった株価指数(ベンチマーク)と連動するリターンを目指すもの。たとえば日経平均株価が5%上がれば、インデックス投信の基準価額もおおよそ5%上がる。	ファンドマネージャーの力量次第で、インデックスを上回るリターンを目指すもの。たとえば成長が見込める銘柄を選んだり、株価が割安な銘柄を選ぶなど、投信ごとに方針を立てて運用する。
リスクとリターン	インデックス次第。基本的に株価指数(ベンチマーク)以上のリターンは期待できない。	ファンドマネージャーの力量次第。インデックスを下回る場合もあり、リスクも比較的大きい。

●「分配金の支払い方針」で選ぶ

投資先の株の配当金や債券の利息、売却益などの運用益を投資家に還元する「分配金」。この分配金のある・なしで、増え方に差が生まれます。目的に応じて選択しましょう。

	分配金あり	分配金なし（再投資型）
特徴	運用益の一部が、定期的（毎月、半年、1年ごとなど）に受け取れるもの。	運用益を投資家に還元せずに、投資信託の元本に組み入れ、再投資する。
メリット	定期的な収入を得たい人向き。ただし、運用結果によっては分配金が出ないことも。	長期でより大きな投資効果を得たい人向き。元本が大きくなるので複利効果（125ページ参照）が生まれ、効率的に利益が得られる。
デメリット	複利効果がないので、再投資型よりも投資効率が悪くなる。	売却時まで投資の運用益が得られない。

●「購入できるタイミング」で選ぶ

投資信託には、購入時期に制限があるか（単位型）、ないか（追加型）の2種類があります。

●単位型

購入期間が決まっていて、その期間内のみ購入できる投資信託。運用期間もあらかじめ定められていて、期日になると資金が投資家に還元される。運用期間中に解約できない期間（クローズド期間）を持つタイプもある。

➡投資期間を決めて運用したい／運用のゴールを自分で決められる人向き

●追加型

購入期間が決まっておらず、いつでも購入・換金が可能な投資信託で、オープン型とも呼ばれる。多くは運用期間が無期限。また期間が設けられていても10年以上の長期であったり、期限を延長していくものが多い。

➡20年～30年の長期で運用したい／コツコツと積立を続けたい人向き

投信積立はこちら

初心者こそ、ネットで購入して！

手数料や利便性から ネット購入がおすすめ

証券会社の店頭窓口で購入する場合と、ネットで購入する場合で大きく違うのは、手数料です。ネットのほうがずっと安いので、ネットでの購入が断然おすすめです。

ネットなら、ノーロードと呼ばれる販売手数料0円という商品もたくさんあります。

ネットでの購入は、操作方法に不安を感じる人もいると思いますが、**操作に困ったときには電話やネットでのサポートが充実しているので、心配はいりません。**時間を問わず、いつでも購入できることも魅力です。

初心者は 窓口には行かないで！

特に初心者ほど、窓口での相談・購入はおすすめしません。**窓口の人は、商品を売るのが仕事。目の前の人に投資を始めてもらい、手数料が高い商品を買ってもらうことが、その人の仕事**なのです。

それでも窓口で相談してみたいなら、購入はしないで、相談だけしてみてはどうでしょうか。資料をもらって帰ってから、同じような商品でもっと手数料が安いものはないかなど、しっかりと自分で検討することが大事です。

証券会社ってどういうところ？

●ネット証券

SBI 証券・マネックス証券・楽天証券・カブドットコム証券・松井証券など

メリット

店舗型に比べ、圧倒的にコストが低い。一般的に口座開設料が無料なのをはじめ、売買委託手数料は店舗型の数十分の一になる場合も。PCやスマートフォンさえあればいつでも取引が可能なので便利。無料で投資レポート・各種情報を入手できるのもうれしい。

デメリット

各種情報は提供されるものの、自身に適したアドバイスを受けられる可能性は店舗型に比べて低くなる。そのため、投資に関する情報収集は欠かせない。取引上の責任もすべてを負う必要があり、誤発注や通信障害による取引未成立などのリスクが存在する。

●店舗型証券

野村證券・大和証券・SMBC 日興証券・みずほ証券など

メリット

営業担当者がついてくれるなど、ネット証券よりサポート体制が充実。口座開設にはじまり、売買のアドバイス、複雑な税制の説明などもしてくれる。取引が大きくなれば、利益が出やすい新規公開株（IPO）を購入できる可能性もある。

デメリット

売買委託手数料をはじめ、ネット証券に比べるとコストが格段に高くなる。少額取引が続く場合には満足なサポートが受けられなかったり、逆に高額取引をする場合には無理な取引を持ち掛けられるケースがあるなど、担当者からの扱い・勧誘にストレスを感じることも。

どこの証券会社がいいの？

店舗型ではなく ネット証券を選ぼう

証券会社を選ぶときには、

①手数料が安い
②欲しい商品を扱っている

の3つで絞り込んでいきましょう。

少額から投資を始めるときに、高額な手数料ではなかなか利益がでませんよね。一般的に、ネット証券は手数料が安いところが多いのでおすすめです。

投資商品の購入もネットで行なうのが基本。証券会社の店頭窓口でも購入できますが、ネットでの購入に比べて手数料は高くなります。**ネット証券各社の取引画面を見比べてみて、使いやすそうなものを選びましょう。**

大手のネット証券は サービスも充実

証券会社ごとに扱う商品が違うので、買いたい商品を扱っているかを確認することも大事です。

特に、100円の投信積立は未対応の証券会社も多いです。できるだけ**商品ラインアップの多い証券会社を選んだほうが、選択肢が増えます**。初心者なら、左のページに挙げた大手のネット証券から選ぶといいでしょう。

オススメのネット証券

100円からの投信積立ができるおすすめのネット証券を挙げてみました。ネットの取引画面の扱いやすさも比較して選んでみてください。

マネックス証券……売買単位の低い取引では手数料が安く、1株からの売買が可能な「単元未満株」も扱えるなど初心者にやさしい商品が豊富。株価・株式情報が無料で手軽に入手できる点もうれしい。金融機関の口座からの自動引き落としで積み立てることができる。

SBI証券……口座開設数が400万を突破し、ネット証券として最大手。圧倒的な数の新規公開株(IPO)を取り扱っている。取引に応じてポイントが貯まったり、夜間取引があるなど、サービスも充実。全国280行以上の金融機関からの自動引き落としサービスもある。

楽天証券……2017年9月から定額コースの10万円までの手数料が無料となった。評価の高い「マーケットスピード」という情報ツールが使えるので取引に慣れてからも心強い。楽天グループの特典・サービスも受けられるので、投資信託の残高に応じて楽天スーパーポイントが貯められる。金融機関からの自動引き落としもできる。

今すぐ口座を作ってみよう

開設の申し込みは ネットですぐできる

証券口座の開設の申し込みは、ネットで簡単にできます。個人情報を確認する資料も、ファイルをアップロードして送信できるので、**早い人なら15分くらいで完了しますよ**。

最近では、口座開設アプリを利用して、スマートフォンでも申し込みができるようになってきているので、ますます便利です。また、証券会社から口座開設申込書類を送ってもらって、郵送で手続きすることもできます。

どの方法でも、用意する身分証明書などは変わらないので、自分にとってやりやすい方法を選んでみてください。

口座開設までは1〜3週間

申し込みには**マイナンバーの提供が必要になるので、個人番号カードか個人番号通知カードを用意しておきましょう**。

個人番号カードがあれば、証明書として1枚で足ります。個人番号通知カードの場合は、ほかに顔写真つきの公的な証明書（運転免許証、住民基本台帳カード、パスポートなど）が必要になります。

口座開設申し込みから1週間程度で手続きが完了し、証券会社から口座開設案内などが送られてきます。NISA口座（152ページ参照）を選択すると、口座開設までに3週間前後かかることも。

ネットで口座開設、どうするの？

❶ウェブサイトで「口座開設」をクリック

証券会社のウェブサイトを開き、口座開設のページに進みます。

❷「口座開設申込」フォームで情報を入力

・マイナンバー等の本人確認書類を準備し、提出方法を選択する

WEB アップロード／書面／ E メールでの提出を選択します。

・WEB アップロードを選択した場合、その場で個人番号通知カードのアップロードを行ないます。

・書面を選択した場合、申し込み後に送られてくる「本人確認書類届出書」に必要事項を記入し、「本人確認書類」および「個人番号記載書類」のコピーを同封して返送します。

・E メールの場合、専用のメール送信用フォームの URL が記載されたメールが届き、そこから手続きを行ないます。

・氏名、生年月日、電話番号、郵便番号などを入力する

・納税申告に関する手続きが簡単になる「特定口座」の開設の有無を選択する

・つみたて NISA/NISA の申し込みの有無を選択する

❸ログインし、初期情報を入力

❹口座開設手続き完了の書類が届く

証券会社から郵送される、口座番号やログインパスワード、取引パスワード等が書かれた案内書を受け取ります。

NISA 口座を申し込んだ場合は「本人確認書類届出書兼 NISA 申請書」が同封されるので、必要事項を記入して返送します。

❺取引開始

E メールで書類審査完了の連絡が届いた後、証券口座への入金、取引が可能となります。

NISAやiDeCoって何？

税金が安くなる
オトクな制度

NISA（ニーサ）もiDeCo（イデコ）も、国が作って進めている制度です。税金が安くなる制度ですので、ぜひ賢く活用したいですね。

NISA（少額投資非課税制度）とは、投資によって得た利益に税金がかからない投資方法のことです。通常、投資による利益には約20％の税金がかかりますが、NISAでは年間投資額の上限120万円まで、利益が非課税になります。非課税期間は5年間なので、合計600万円の非課税枠を使えます。

2018年1月から始まった「つみたてNISA」は、年間40万円、非課税期間は20年間の投信積立専用のNISAです。NISAとの併用はできません。**少額でコツコツと長期的な投資信託をしたいという若い世代には、つみたてNISAがおすすめです**。

つみたてNISA口座もNISAも一人一口座しか作れません。

そして、どちらも大きな利益が出たときには大きなメリットがありますが、反対に損が出たときには損益通算ができません。損益通算とは、利益が出ている口座と損が出ている口座を相殺できる制度のことです。

たとえば、口座Aで利益が30万円、口座Bで損が10万円出ていたら、差し引き20万円が課税対象になります。しかし、NISA口座は30万円が課税対象になるのです。

NISAとiDeCo、どう違うの？

	NISA	つみたてNISA	iDeCo
加入資格	20歳以上	20歳以上	20歳以上60歳未満
投資額上限	年間120万円 ※最大5年間600万円	年間40万円 ※最大20年間800万円	年間6万円〜81万6000円（人によって異なる） ※最低月額5000円
引出制限	なし	なし	60歳まで引き出せない
選べる投資商品	株式／投資信託／ETF／REITなど	一定の投資信託／ETF	定期預金／保険商品／投資信託
所得控除	なし	なし	積立金全額が所得控除
運用利益非課税	○	○	○
受取時非課税	○	○	一定額の所得控除

60歳まで引き出せないのが iDeCo

iDeCo（個人型確定拠出年金）は、老後資金を作ることを目的とし、毎月一定額を積み立てていく制度です。いってみれば「自分年金」ですね。積立であることと、税金の優遇があるという点ではつみたてNISAと似ていますが、iDeCoは60歳になるまで投資したお金を引き出せないという制限があります。

老後資金を作ることが目的なので、比較的安全性の高い商品（定期預金、保険商品、投資信託）しか選択できません。

iDeCoのメリットは、節税効果が大きいことです。積立金は全額が所得控除になります。

年収400万円の会社員が毎月2万3000円をiDeCoで積み立てた場合、年間5万円以上も税金が安くなることもあります。

投信積立ならNISAで！

非課税の効果を最大限に活用しよう

NISA（ニーサ）のよいところは、なんといっても投資で得た利益に税金がかからない点です。ただし、年間の投資金額には上限（120万円）があるので、**頻繁に売り買いせずに、じっくり保有しながら値上がりを待つことがポイント**です。

たとえば20万円で買った株式が値上がりしたので、21万円で売ったとします。残りの非課税枠は20万円分減って100万円になります。次に、21万円を元手に21万円の株式を買った場合、残りの非課税枠は79万円になります。

このように、非課税枠は購入するたびに減っていくのです。

長期的な投資にNISAはぴったり！

NISAは株式などを頻繁に売買する投資スタイルには、あまり向いていません。非課税枠を使い切ってしまうだけでなく、NISAはほかの証券口座と損益通算ができないので、バリバリ投資するような人にはデメリットもあるのです。

NISAを賢く使うなら、**短期間に売買を繰り返して利益を出す投資より、ある程度の期間保有して大きな利益を狙う**ことです。

なお、投信積立をNISAで行なうなら、毎月10万円まで購入できます。

NISAの特徴は？

●年間120万円非課税で投資できる！

・使い切らなかった枠は翌年に繰り越すことはできない
・金融商品を購入するたびに非課税枠は減っていく

●5年間の非課税期間が終わったら？

・翌年の新たなNISA枠に移行できる
・移行しなかった資産は、一般の課税口座で保有できる

iDeCoが有利な人は？

余裕資金がある人や自営業の人に向いている

iDeCo（イデコ）は、60歳まで原則引き出すことができません。だから、iDeCoに向いているのは、**とうぶん使わない余裕資金がある人です。30歳で年収分の貯蓄がある人は、iDeCoでの運用を検討してもいいと思います。**

なお、掛金は自由に金額を変更できます。余裕が出てきたら増やしたり、苦しくなってきたら減らすことができます。

掛金の積立を停止することもできます。停止すると、すでに積み立てた分のみの運用が続けられます。もちろん、あとで積立を再開することもできますよ。

確実に年金が貯められる

iDeCoの大きな特徴に、**掛金が全額所得控除になるという点があります。**会社員にとっても有利ですが、自営業の場合は掛金の上限が多いので、さらに有利です。

自営業だと、将来もらえる年金は原則として国民年金のみです。国民年金だけで老後の生活を送るのは難しいので、**iDeCoで自分年金を作りつつ、毎年所得控除が受けられるこの制度は、メリットが大きいといえます。**

iDeCoで利用できる商品には、定期預金もあります。増えることは期待できませんが、**元本割れのリスクなしに毎年節税できるので、確実に自分年金を貯めたい人に向いています。**

もっと知りたい！
iDeCoの特徴

	iDeCo （個人型確定拠出年金）
最大の特徴	受取金額が運用によって変わる！
加入先	銀行、証券会社など
掛金の積立限度	●自営業者など(第1号被保険者) 月額6万8000円 ●会社員・公務員など（第2号被保険者） 月額1万2000円～2万3000円 ●第2号被保険者に扶養される配偶者(第3号被保険者) 月額2万3000円
月々の積立額	年間の上限額以内なら自由に原則として変更可能
掛金の運用	自分で運用
手数料・運用上のコスト	管理費：月額167円～617円程度
途中解約	原則として不可
積立時の税額控除	小規模企業共済等掛金控除（掛金全額）
受取時期	60歳（それまでは原則不可）
受取額	運用次第で掛金総額から増減がある
受取時の税制優遇	年金払い：雑所得（公的年金等控除）が受けられる 一時払い：一時所得（退職所得控除）が受けられる

投資信託の4つのキーワード

商品を選ぶときには、次の４つのキーワードに注目しましょう。一見難しそうですが、ポイントを絞れば大丈夫。各販売会社のウェブサイトにある目論見書をチェックしましょう。

❶基準価格

１口あたりの投資信託の値段。基準価格は１日１回計算され、購入・換金も、この価格で行なわれる。

➡ 目論見書の「基準価格の推移」をチェック。その投資信託が運用の指標としている指数（ベンチマーク）を上回っているか、どのくらいそっているかをチェック！

❷純資産総額

投資家から集めた資金の総額のこと。人気がある投資信託ほど、投資家のお金が集まりやすく、資産も大きくなる。資産が大きいほど安定した運用がしやすくなる。

➡ 目論見書の「純資産総額」を見て、右肩上がりで増えているかチェック！

❸信託報酬

投資信託の保有期間中に、どれくらいのコストがかかるかを示すもの。

➡ 目論見書の「手数料」のページで、どれくらい信託報酬料がかかるかチェック！

❹運用実績

投資信託の基準価格、純資産総額、分配金などがどのように推移しているかを示す投資信託の成績表。どのような商品に投資しているのかも把握できる。

➡ 目論見書の「運用実績」のページで、過去の運用実績をチェック！

もっと知りたい！
column 10

私にぴったりの投資は？ 早わかりガイド

いつまでにどれくらいのリターンがほしいのか――。目標を決めたら、それぞれの金融商品の特徴を知り、自分にピッタリな投資を見つけましょう。

【国債】

国債とは、国が発行する債券のこと。つまり、国にお金を貸し付けて、利子をつけて返してもらえる有価証券のことです。

「個人向け国債」は元本割れしないので、比較的安全な投資といえます。ただし、金利は銀行の定期預金程度で、あまり増えません。

外国の国債を外国債券といいます。日本より海外のほうが金利が高く、外国債券の金利は年に数パーセントになることがあります。金利が高いということは、高い金利を設定しないとお金が集まりにくい、つまり、リスクがあるということです。

また、外国債券の場合、満期のときに円高だと為替差損が出て、元本割れすることもあります。

【投資信託】

運用のプロであるファンドマネージャーが、投資家から預かったお金を世界中の投資先（株式や債券、不動産など）に分散して投資します。

1つの投資信託には、多数の投資先が組み込まれているので、その分リスクが分散されています。少額で分散投資ができるので、リスクを抑えて投資したい人に向いているでしょう。個人では投資しにくい国や資産に投資できるのも魅力です。

海外の株式や債券を組み込んだ投資信託は、国内のみの投資に比べて大きなリターンが期待できるものが多いです。特に、新興国を対象としている商品は大きなリターンが狙えます。

その分、カントリーリスクなどのリスクもあるので、どんなところに投資しているのかを、目論見書でチェックすることが大切です。

【株式投資】

株式を発行している企業に投資し、企業から配当金を得たり、株式を売買することによって利益を得る投資です。投資信託に比べて値動きが大きく、分散投資をしようとすると、投資信託に比べて多くの資金が必要になります。

元手が大きい分、値上がり・値下がりしたときのインパクトも大きくなります。景気や市場動向、政策などの社会的要因、企業の個別事情など、株価が変動する原因はさまざまあります。値動きにほんろうされないよう、余裕資金の一部で始めるのがよいでしょう。

外国株は、国内の株式に比べて高い配当金や値上がりが期待できます。ただ、国内の企業に比べて情報が入手しづらかったり、円高になると為替差損が出るなどリスクがつきものです。

Q. ちょこちょこおこづかいが欲しい人は？

株式投資がおすすめです。権利確定日後に値下がりした株を買って、次の権利確定日に向かって値上がりしたタイミングで売るといった方法があります。権利確定日とは、株主としての権利が確定する日。配当金や株主優待を狙う人は、この日を待っています。権利確定日後に株を手放す人が多いので、株価が一気に下がることもあるのです。売買委託手数料の安いネット証券を利用するのもおこづかいを増やすポイントです。

Q. 株主優待を楽しみたい人は？

株式投資がオススメ。各企業の優待内容は、インターネットに情報がたくさんあります。欲しいものを予算で絞り込んだら、権利確定日前後３か月間の株価の動きをチェックしてみましょう。権利確定日後の値下がりタイミングが買いどきです。また、株主優待は株を保有している間、繰り返し受け取れるので、長期保有すればするほどお得になっていきます。

Q. 老後の資金を増やしたい人は？

投資信託の積立がオススメ。一気に買うのではなく、月々コツコツ買い増ししていくことで、リスクを回避することができます。老後資金はできるだけ安全な方法で貯めたいもの。とはいえ、預金だけではほとんど増えません。年利３％くらいを目標に、投信積立を10年、20年単位でコツコツ続ければ、資産は大きく増えてくれます。

Q. 一攫千金を狙いたい人は？

外国株式や海外の債券に投資する投資信託にチャレンジしてみましょう。株式や投資信託そのものの値上がりに加えて、為替差益も意識してみて。円安と円高の場合それぞれで、どれだけ損や利益が出るかをシミュレーションしておきましょう。売るタイミングを決めておくことも大事です。欲張らずに、目標の利益になったら売るという判断も必要です。

5章

オトナ女子必見！
お金を増やすならコレ！

もっと投資のことを知りたい人へ

「投資のこと、もっと知りたい」
そう思ったら、この章を読んでみてください。

投資のリスクとリターンは表裏一体。投資のやり方次第では、大きなリターンを得ることもできます。でも大きなリターンを望めば、その分リスクも大きくなります。

たとえ投資で利益が出ても、それが短期的な「一攫千金」であってはなりません。ただのまぐれではなく、継続して利益が出せるよう、投資について知識を広げていきましょう。

お金を増やす方法を知っていることで、将来の不安はずっと小さくなります。ライフプランの変化にも、柔軟に対応できるようになるでしょう。

私が女性に投資をおすすめするのは、投資には女性の感性が活きると思っているからです。楽しんで、わくわくしながら投資を実践することができると思うからです。つらいことは長く続きません。投資によって、あなたの新しい扉がひとつ、開くかもしれませんよ。あなた自身の足で、のぞむ未来に歩いていきましょう。

「投資って楽しい！」

そんな女性が増えれば素敵ですね。

株式投資ってどういうもの？

そもそも株式ってなんだろう？

この章では、株式投資についてもお話しします。

株式とはいったいどんなものなのでしょうか？　会社は、事業をするお金を集めるために、株式を発行し、投資家に買ってもらいます。株を買った人のことを株主といいます。

会社は、株主から集めたお金を元手に事業を行なって利益を上げ、株主にその利益を分けます。

銀行にお金を預けると、利息がつくのと少し似ているかもしれません。

配当金と売買で利益を得る

株主が受け取る利益のことを「配当金」（配当）といい、たくさん株式を持っている株主は、配当金もたくさん受け取れます。

たとえば、1株の配当金が10円のとき、100株持っていれば1000円、1000株持っていれば1万円の配当が受け取れます。これが、株式の基本です。

また、**株式を売買することで利益を得ることもできます**。株式の価格は、常に動いています。たくさんの人が欲しいと思う株式は高くなり、人気のない株式は価格が下がる、というのが基本です。

株式の値段は、会社の業績や、景気（経済全

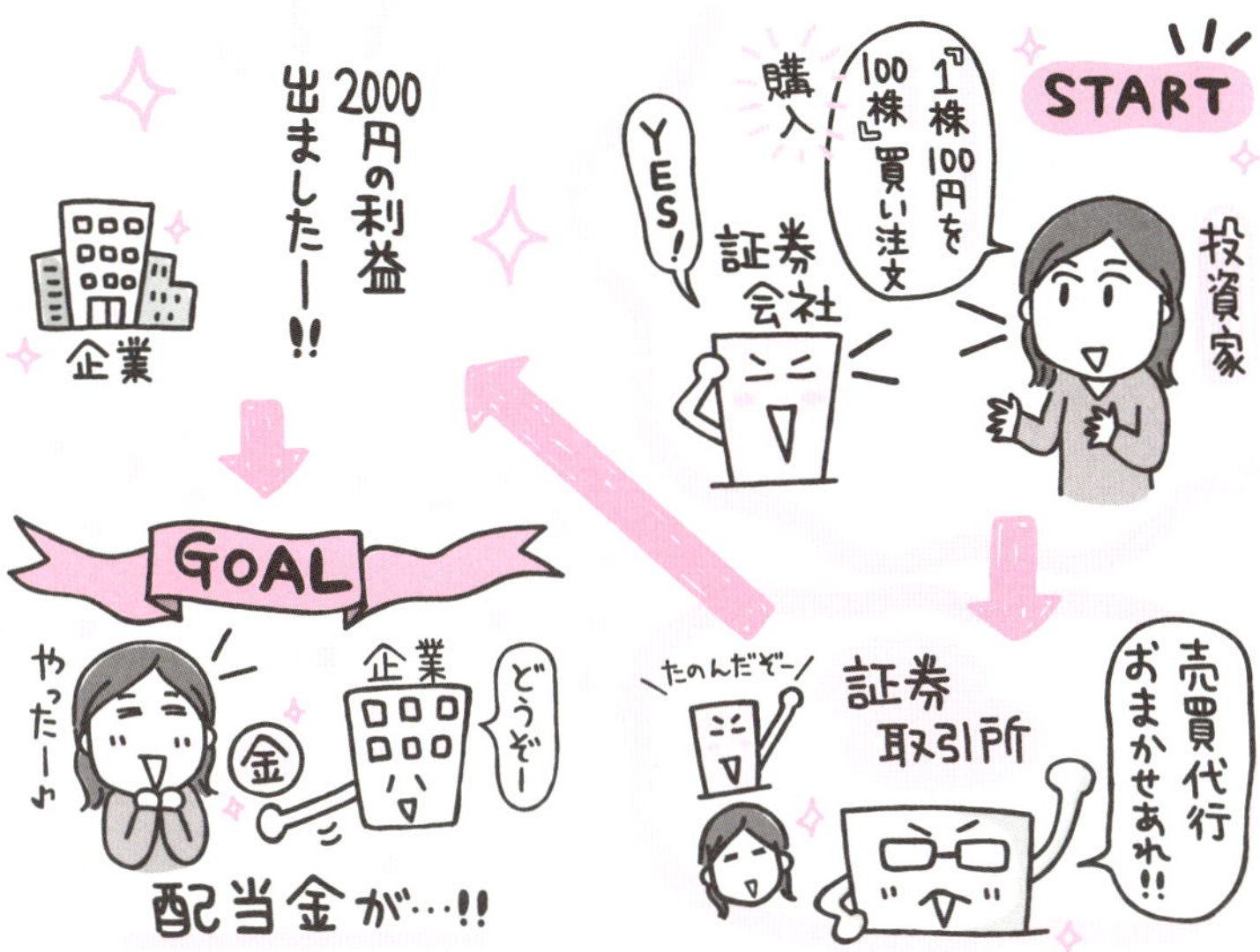

体の動き）が関係しています。

最低10万円を用意して

株式投資は、始めるときの資金が投資信託より少し多めに必要です。

株式は「単元株」での売買が基本で、1単元が100株または1000株であることが多いからです。1株が1000円だとすると、100株なら10万円、1000株だと100万円の資金が必要、という計算になります。

目安として、最低10万円くらいはあるのが理想です。欲しい銘柄があれば、1株の価格と1単元が何株かを確認し、必要な資金を用意しましょう。

女子だからこそ、株式がイイ！

口コミ・流行が味方！ 女性が株式に向いているワケ

株式投資といえば、男性向けというイメージを持っている人も少なくないかもしれません。でも、女子こそ株式に挑戦してみてほしい！と思います。

株価（株式の価格）が上がったり下がったりするのは、その企業の業績が関係しています。業績が伸びている会社の株式は、欲しいと思う人もたくさんいるので、株価が上がります。業績がよければ配当金もたくさんもらえるし、株式が値上がりしたタイミングで売れば、差額が利益になるからです。では、**どうしたらその企業の業績が上がるかを予想できるのでしょうか**？

新コスメのヒットで株価が4倍以上に！

富士フイルムの「アスタリフト」という化粧品を知っていますか？　赤い色が特徴の、アンチエイジングコスメです。

富士フイルムといえば、もともとカメラやフィルム、コピー機の会社です。そんな異業種の会社が研究開発したこのコスメ、2015年には「All　Aboutベストコスメ大賞」などを獲るほどの人気です。

その富士フイルムは、**化粧品事業を始めてから株価が上がり、現在の株価は5年前に比べると4倍以上になりました**。

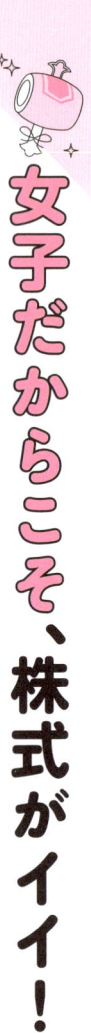

女子目線＆ママ目線が経済を動かすことも

美顔器と「オンリーミネラル」というファンデーションで有名なヤーマンは、5年間で株価が10倍以上になりました。もともと家電の会社でしたが、「自宅でエステみたいなマッサージができればいいな」「忙しくて、メイクを落とすのが面倒！」という多くの女性のニーズにかなう商品を開発し、大ヒットになったのです。

また、扱いにくかった赤ちゃん用の粉ミルクを固め、キューブ型にして特許を取得した明治も、そのころから急激に株価が上がっています。

女性が欲しい、流行ると思ったものは、実際に経済を大きく動かすパワーがあるのです。

どうしたら株式で利益を出せる？

結婚相手を選ぶ気分で会社の将来を見通す

投資は、恋人選びに似ています。誠実で将来有望な男性は、当然人気がありますよね。株式も同じように考えて選べばいいのです。それには『会社四季報』（東洋経済新報社）が役に立ちます。『会社四季報』を見ると、会社のこれまでの実績や、財務状況、今後の経営計画などがわかります。**数ある会社の中から、業績が伸びている会社を探すことができるのです**。

恋人候補に年収や財産を聞くのは難しいですが、『会社四季報』を見れば「お金持ちだと思ったら、借金まみれなのね」ということもわかるのです。

いつやめる？ルールを決めておく

投資は、必ず利益が出るとは限りません。損が出たときにどうするか、あらかじめルールを決めておくことも重要です。ずるずると値下がりを続けて大きな損にならないようにするためです。

買った株式の値段が下がり続けている場合、これ以上の損失を出さないために、株式を売ることを「損切り」といいます。「損切り」は、投資を長く続けるためにも大切です。

「**買った価格より3割下がったら売る**」「**2万円以上の損が出たら売る**」など、はじめにルールを決めましょう。

どこがポイント？『会社四季報』の見方

A 事業構成欄　決算期や会社の事業概要。どんな事業を展開しているかや事業ごとの営業利益率がわかる。（森永乳業は、食品事業が売上全体の96％、営業利益率５％）

B 記事欄　業績見通しと株価に影響を与えそうな新商品やサービスの情報。

C 株主欄　上位10位までの株主。外国人投資家の保有比率もあり、海外での関心の程度がわかる。

D 資本異動、株価欄　株価欄には四季報発売前月の高値（もっとも高い株価）、安値（もっとも安い株価）等が記載されている。増資（資本金を増やすこと）、減資（資本金を減らすこと）などの情報も。

A
2264 森《もり》永《なが》乳《にゅう》業《ぎょう》
【決算】3月　【設立】1949.4　【上場】1954.9
【[illegible]】業界2位。乳飲料、ヨーグルト、チーズ、流動食など好採算や高シェアの製品を重点的に育成中
【連結事業】食品96（5）、他4（8）〈17・3〉

B
【最高益】事業一部売却の影響一巡。業務用原料「シールド乳酸菌」が取引先増。「パルム」など主力アイス堅調で想定以上に採算向上。原料の大幅安一服でも営業益やや増連続最高純益。創業100周年記念配。
【ヘルシー】健康志向追い風に「シールド乳酸菌」使ったカフェラテやプリンを投入、自社原料の有効活用へ。ヨーグルト「パルテノ」はCMなどで健康機能訴求しテコ入れ。

C
【株主】㊫19[illegible]〈17.3〉　万株
森永製菓　2,624（10.5）
日本マスター信託口　1,472（5.9）
みずほ銀行　1,222（4.9）
日本トラスティ信託口　841（3.3）
三菱東京UFJ銀行　694（2.7）
日本トラスティ信託口（三井住友銀）　664（2.6）
自社従業員持株会　483（1.9）
三菱UFJ信託銀行　461（1.8）
農林中央金庫　383（1.5）
日本トラスティ信託口5　369（1.4）
〈外国〉22.2%　〈浮動株〉17.2%
〈投信〉4.1%　〈特定株〉37.8%
【役員】㈳宮原道夫 ㊖野口純一 ㊕青山和夫 大川禎一郎 ㊐港毅 大貫陽一 ㊡草野茂実 齋藤光政 大原賢一 奥宮京子* 川上正治* 常監飯島信夫 ⇨巻末
【連結】デイリーフーズ，エムケーチーズ，クリニコ

【株式】7/31　248,977千株
単位 1000株 貸借 優待
時価総額　2,138億円
【財務】〈連17.6〉　百万円
総資産　399,857
自己資本　148,001
自己資本比率　37.0%
資本金　21,704
利益剰余金　102,129
有利子負債　89,987
【指標等】〈連17.3〉
ROE　9.8%　予9.8%
ROA　3.4%　予3.6%
調整1株益　53.3円
最高純益(17.3)　13,202
設備投資　209億　予215億
減価償却　176億　予167億
研究開発　53億　予‥億
【キャッシュフロー】　億円
営業CF　373（282）
投資CF　▲212（▲222）
財務CF　▲152（▲104）
現金同等物　70（62）

D

年月	【資本異動】	万株
84. 5	無1：0.1	17,820
85. 5	無1：0.06	19,403
87. 5	無1：0.06	23,110
14.10	消却	24,897
17. 9割	併5→1	4,979

東証	高値	安値
54-15	1150(89)	60(55)
[illegible]6	900(11)	475(1)
17.1~8	995(3)	711(2)

	高値	安値	出来万株
17. 6	958	852	4,380
7	872	803	4,406
#8	891	809	3,545

【四半期進捗率】3期平均32.2%
今期37.5%（+5.3%）
【格付】RI A-(安)

【業種】食品
時価総額順位　21／171社
【比較会社】2266 六甲バター，2269 明治HLD，2270 雪印メグ

E

【業績】(百万円)	売上高	営業利益	経常利益	純利益	1株益(円)	1株配(円)
連15. 3	594,834	6,805	8,232	4,164	16.9	7
連16. 3	601,499	14,317	14,959	10,576	42.8	7
連17. 3	592,617	21,099	21,960	13,202	53.4	9
連18. 3*予	600,000	22,300	23,200	14,500	58.6	*10記
連19. 3*予	608,000	23,300	24,200	15,100	61.0	*10~10.4
中16. 9	315,681	15,631	16,063	10,058	40.7	0
中17. 9予	318,000	16,800	17,300	12,000	48.5	0
四16. 4- 6	153,491	7,296	7,614	4,422	17.9	
四17. 4- 6	153,880	8,069	8,710	7,619	30.8	
会18. 3予	600,000	21,50[illegible]	[illegible],300	14,000	(17.5.12発表)	

F

【配当】	配当金(円)
12. 3	7
13. 3	7
14. 3	7
15. 3	7
16. 3	7
17. 3	9
18. 3予	50

予想配当利回り　1.16%
1株純資産(円)〈連17. 6〉
598[illegible]（[illegible]74.2）

【本社】108-8384東京都港区芝5-33-1
☎03-3798-0111
【支社・支店】東北，首都圏，中部，西日本
【センター】4
【工場】乳製品工場4，市乳工場7，他2
【従業員】〈17.6〉連5,974名 単3,179名（38.1歳）年721万円
【証券】上東京 幹日興，野村，みずほ 名三菱U信 監新日本【銀行】みずほ，三井住友，三菱U，三菱U信，農中
【仕入先】ホクレン農業協同組合連合会
【販売先】全国森永牛乳販売店

※『会社四季報 2017年４集』（東洋経済新報社）より

E 業績　過去５期分の実績と、これからの業績予想。四季報の記者がＩＲや取材をもとに独自予想した業績も。（予）が四季報予想。（会）は会社予想。

F 配当欄　配当の実績と予想。（予）が予想。左側は配当が行なわれた年・月で、右が株主が受け取った配当の金額（１株当たり）。

●成行注文（株数のみ指定）

売り注文が出ている中で、
もっとも安い金額で買う方式

【例】　左の「板情報」より
300株498円
1200株500円の
売り注文が出ている場合

➡300株注文すると…498円×300株で売買成立

➡500株注文すると…498円×300株と500円×200株で売買成立

●指値注文（株数と株価を指定）

指定した株価よりも安い売り注文が入れば、
買いになる方式

【例】　496円300株で注文した場合

➡496円以下での売り注文が出たときに売買成立
（100株しか注文が出なかった場合は、残り200株は次の売り注文が出るまで待つ）

※すぐに買えない場合もあるので有効期間を設定します

●逆指値注文（買いの場合）

指定した価格よりも
株価が高くなったら買う方式

【例】　510円で買い逆指値注文した場合

➡510円以上での売り注文が出たときに売買成立
＝株価の停滞期に逆指値注文を出しておくことで、上昇トレンドに入った段階で買い注文が出せる

❹株式を売る

基本的には株式を買う場合と同じく、売りたい銘柄を選び、株数や株価を入力して売り注文に出します。「成行注文」は株数を指定し、注文時の価格に近いところで取引を確定させます。「指値注文」は売りたい値段を指定して注文するので、指定の株価に到達せずに注文が保留になっている間に、株価が下がるケースも。損失を抑えるために、「逆指値注文」を有効に利用しましょう。

●逆指値注文（売りの場合）

指定した価格よりも株価が
安くなったら売る方式

【例】　498円で買った株式を493円で売り逆指値注文した場合

➡493円で自動的に売り注文が出る
＝下回ったら売る逆指値注文を出しておくことで、損失を確定でき、損失の拡大を防げる

株式の売買の方法は？

口座開設から売り買いの流れまでをご紹介します。

❶口座開設・入金

証券会社で証券口座を作ります。簡単なのはネットで申し込みをする方法（150ページ参照）。必要書類を準備し、個人情報を入力したら申し込み完了！
案内書が届いたらログインして、投資する予定の資金を移しましょう。

❷株式を選ぶ

購入したい株式をウェブサイトで比較・検討しましょう。注目したいのは単元株数（1単元）と株価。株式は銘柄ごとに取引できる最低株数が異なり、株価は1株あたりの価格を表します。A社の株価が500円、1単元が100株であれば、最低購入金額は500円×100株＝5万円です。

❸株式を買う

各証券会社のウェブサイト（取引画面）で、買いたい銘柄を選び、株数や株価を入力して注文。注文の際には、銘柄ごとにまとめられている「板情報」を確認します。株価を指定せず株数だけを注文する「成行注文」と、株価と株数を両方指定する「指値注文」や「逆指値注文」があるので、どれかを指定して注文しましょう。

「板情報」の見方

現在、どれくらいの価格（気配値）で、
どれくらいの注文が出されているかがわかる！

【例】

売却を希望している株数　　購入を希望している株数

売気配株数	気配値（円）	買気配株数
400	502	
800	501	
1200	500	
	499	
300	498	
	497	
	496	500
	495	400
	494	800
	493	

魅力いっぱい！株主優待

女子にうれしい！おトクな株主優待

女性の口コミや流行に敏感なところが株式投資に向いているというお話をしましたが、株主優待という制度があるのも、女性におすすめする理由のひとつです。

株主優待とは、企業が株主にさまざまなプレゼントを贈る制度です。**その企業の商品やサービスが割引になったり、食品や雑貨などオリジナルのギフトがもらえたり**、いろいろな優待があります。

優待を目当てに投資を始める人もいるくらいです。

おまけとして楽しんで

でも、どの企業でも株主優待があるわけではなく、すべての銘柄のうち、3分の1ほどになります。でも、人気の株主優待を探せるサイトなどもあるので、魅力的な優待を探すのは簡単です。

株主優待目当てで買った株式も、持っている間に値段が上がったり下がったりします。「株主優待をもらったら売ろう」と思っていたら、急に値下がりすることも。そうなると、もらった優待以上に損をする場合もあります。

優待目当てに頻繁に売買を繰り返すと、手数料もかさみ、利益が出にくいのです。株主優待は長期保有で楽しむのがいいですね。

女子にオススメ！ 魅力的な株主優待

	対象	おもな優待内容
ポーラ・オルビス （化粧品等の製造・販売）	毎年12月現在1単元（100株）以上保有株主	化粧品・スキンケアをはじめとした商品や、箱根・ポーラ美術館入場チケット4回分など。6000円～3万2000円相当。
ひらまつ （レストラン・カフェ・ホテル経営）	3月末または9月末に1単元（100株）以上保有株主	・グループ内のレストラン飲食代／ホテル宿泊代割引（1単元～5単元：10％、5単元以上：20％） ・年に数回の有償フェア（1単元以上） ・1単元以上の株主自身がグループ内レストランで披露宴を行なう際、婚礼飲食代10％割引 ・ひらまつオンラインでのワイン購入で20％割引（1単元以上）
アジュバンコスメ （化粧品等の製造・販売）	毎年3月20日現在、1単元（100株）以上保有株主	毎年1回、6月下旬に自社商品を発送 100株以上：5000円相当 1000株以上：1万円相当
イオン （小売・金融・サービス）	8月末・2月末現在、100株以上保有株主	・オーナーズカードの提示で、買いもの金額3％～7％のキャッシュバック ・お客さま感謝デー（毎月20日・30日）に5％割引 ・3年以上継続し、1000株以上保有すると、イオンギフトカードの贈呈
東急不動産ホールディングス （不動産業、ホテル・商業施設）	優待券：毎年3月末・9月末現在、100株以上保有株主 継続保有株主優遇制度：500株以上、3年以上継続保有	優待券：年2回、保有株式数に応じて、東急グループ各施設・店舗で利用できる優待券が送付される（ホテルの宿泊優待券・ゴルフ場等スポーツ優待券・東急ハンズお買い物優待カード）。 継続保有株主優遇制度：保有株式数に応じて、カタログギフト（2000円相当、5000円相当、1万円相当）から1品を選べる。

※2017年11月現在

知って得する！株式のプチ知識

「権利確定日」に注意

権利確定日とは、株主としての権利が確定する日のことです。**年に一、二度の権利確定日に株式を持っている人が、株主優待や配当金を受け取れます**。

株主優待狙いで、権利確定日が近づいたら買って、過ぎたら売るということを繰り返す人もいます。

うれしいメリットもたくさん「株主総会」

株式を持っているということは、株主であるということです。では、株主とはなんでしょうか。

それを知るためには、株主総会に出席してみるのがおすすめです。

株主総会では、経営陣が株主に決算や経営計画を報告します。株主は、経営陣の重要な判断について賛成や反対をすることができます。株主が経営陣に質問を投げかけたり、経営陣の交代を要求することもあります。企業を取り巻く経済状況にも興味が出てくるかもしれませんね。

また、**株主総会ではお土産をもらえることがあります**。出席しなければもらえないので、楽しみにしている人も少なくありません。

権利確定日に株式を持っている株主のところに株主総会の案内が届くので、確認してみましょう。

単元未満株の
メリット・デメリットは？

メリット

- 少ない資金で購入できる
- 株価下落のリスクが分散できる
- 1株でも配当金を受け取れる

デメリット

- 売買委託手数料が割高
- 議決権が与えられていない
- 株主優待がもらえない

もっと少額から株式を買うこともできる

株式は、100株や1000株を1単元として購入するのが原則です。通常、1パック10個入りの卵を1個だけ買うことができないのと同じです。1単元に満たない株を「単元未満株」といいます。例外として、この単元未満株も、証券会社によっては売買ができます。

単元株の取引に比べて少額から始められるメリットがあり、金額的なリスクも軽減できます。配当金も受け取れます。

ただし、単元株に満たないと株主優待がもらえない、売買委託手数料が割高などのデメリットもあります。

もっとお金を増やしたいときは？

金融商品を変えてみる

投資に少し慣れてくると、「もっと増やしたい！」と思うかもしれません。そのときは、投資する金融商品を変えてみましょう。

ただし、大きなリターンを狙うなら、大きなリスクも覚悟しなければなりません。

【外貨預金】

外貨預金とは、円ではなくドルやユーロなど、外国の通貨で預金をすることです。ほとんどの銀行で取り扱っています。多くの場合、**日本よりも海外のほうが金利が高いので、預けているだけでも円預金より高い利子がつきます**。中には6％の利子がつく外貨も。

円高で預けて円安で引き出せば、為替レートの差で利益が生まれます。たとえば、1ドル90円のときに1000ドルを預金して、1ドル120円のときに解約すれば、差額の3万円が利益になります。

でも、為替レートが逆の動きになれば、3万円の損が出るということでもあります。そして、金利が高い国というのは政治が不安定だったり、経済状況が不安定だったりで、突然通貨価値が大きく下がるリスクを抱えています。

「預金」という名がついていますが、円預金と比べるとハイリスク・ハイリターンの商品です。

【新興国株ファンド】

新興国の株式や債券を組み入れた投資信託です。新興国はこれから成長していく国なので、投資のリターンも大きくなります。**その国の将来性を見込んで投資をするのが、大きなリターンを得る基本です。**

国がどれだけ発展していくかは、世界銀行などが発表するＧＤＰ（国内で生産された商品やサービスの付加価値の総和）成長率の予測が参考になります。

特定の新興国への投資だけではリスク分散ができませんが、投資信託であれば複数の国や地域に分散投資できるものが多いので、ある程度まではリスクを小さくしてくれます。

こういったものを資産の一部に組み入れると、お金を大きく増やしやすくなります。

旅好き女子こそ、海外投資！

旅の体験は投資の最新情報になる！

安く買って高く売るのが投資で利益を出す基本です。「この会社は大きくなりそう」「この国はどんどん発展しそう」と多くの人が気づけば、株価も投資信託の価格もどんどん上がっていきます。だから、雑誌などでおすすめ銘柄として紹介されるころには、情報としてはすっかり古くなっていることが多いもの。

では、人より先に投資のヒントを見つけるにはどうしたらいいでしょうか。

それは、自分の肌感覚で探すことです。**海外旅行好きの女性であれば、旅行先で見たもの、感じたこともヒントになります。**

たとえば、海外で流行っているフードやファッションが日本でも流行りそうだなと思ったら、その商品を扱う企業に投資するのも手です。国全体に活気があって経済が発展していきそうなら、その国の株式や債券を組み込んだ投資信託を買ってみてはどうでしょうか。

自分で見たり感じたりしたことはその時点でもっとも新しい情報なので、ほかの人が気づいていない利益の源泉を見つけることができるかもしれません。

旅行資金は外貨預金で用意しよう

海外旅行は、円高のときに行くとお得です。

でも、円高に合わせて休暇を取るわけにもいきません。そこで、**円高になったときに外貨預金で旅行資金を貯めておけば、金利もついてお得に海外旅行が楽しめます**。

外貨預金は解約時に円高になっていると、よほど金利が高くない限り、預けたときより受け取れる円が少なくなります。でも、現地でそのまま外貨として使うなら関係ありません。

どうせなら旅行で使うお金も、お得に用意しましょう。

POINT
外貨預金で旅行する！

外貨預金の口座から外貨で引き落とされるデビットカードや、事前にチャージしておくプリペイド型のカードもあります。気軽に外貨を使えるので、じょうずに活用しましょう。

投資にも、恋愛と同じで相性がある!?

投資と恋愛は似ています。今までの恋愛経験から、どんな投資と相性がいいかを見てみましょう。

♥恋多き女子

恋愛経験が豊富で、ドラマティックな恋も数多く経験してきたあなた。個別銘柄の短期売買が向いているかも。次々に有望株を見つける眼力を磨いていきましょう。

♥片思いの恋

報われなくてもいい、片思いの恋が好きなあなたには、本当に好きな会社の個別銘柄を長く持つのが向いているかも。時間をかけて、ゆっくりと育てていきましょう。

♥尽くすタイプ

一度好きになったらほかには見向きもしない、相手に尽くすタイプのあなた。iDeCo（イデコ）で60歳まで続けるコツコツ投資が向いているかも。あれこれ手を出すよりも、対象を絞って堅実に投資してみて。

♥つきあうと長く続く

一度つきあった相手とは、長く関係を築けるタイプのあなたには、投信積立が向いているかも。コツコツと長く続けて、愛も投資も大きく実らせましょう。

浮気心がある

今のカレも好きだけど、ほかに気になる人もいて……という気の多いあなた。そんな人こそ iDeCo が向いているかも。簡単には解約できない投資だからこそ、長く向き合えるはず。

愛より条件！

恋愛には、好きだ嫌いだといった感情よりも、相手の条件が一番だと思っているあなた。NISA（ニーサ）の節税効果を最大限に利用したうえでの堅実でお得な投資が向いているかも。株主優待などのお得な情報を比べて、適切なタイミングで株式を売買するのがいいですね。

傷つきたくない

傷つくのがこわくて、恋愛をしたくない、できないあなた。投資を始めるのは、まだ早いかも。少しずつ勉強をしてみて、近いうちにチャレンジしましょうね。

恋に奥手

恋ってなんだかめんどくさい？　ほかに楽しいことがある？　いまいち恋にのめりこめないあなたには国債がオススメ。元本割れしない国債から始めてみれば、だんだんとほかの投資にも興味を持っていくかも。

知識があればリスクは管理できる

投資をしないことがリスクになる時代

この先の私たちを取り巻く環境は、いわば下りのエスカレーターに乗っているようなもの。収入が思うように伸びない中、投資をせずに堅実な貯蓄をするだけでは、もはや現状維持にはなりません。

将来お金が足りないことがわかっていながら何もしないのだとしたら、ゆっくりとエスカレーターで下りていくようなものなのです。

この先のライフプランや老後の生活を考えれば、投資をしないということは、それだけでリスクになります。

がんばりすぎず小さなゴールを目指す

とはいえ、ただやみくもにお金を貯めたり、増やしたりするのは、ゴールのないマラソンを続けているのと一緒で、ときにストレスになってしまいます。

いつまでにいくら必要なのか、いくらあれば安心なのか。そのためにどうすれば今よりお金を増やせるのか。

自分なりの小さなゴールを決めて、そこに向かって知識を身につけることが、リスクへの最大の対策になります。

知識があれば リスクをコントロールできる

「投資で大きな損をしたらどうしよう？」と恐れている状態は、リスクとしっかり向き合えていない状態です。どんな場合に損が出るのかがわかれば、対策も考えられます。**知識があれば、リスクをコントロールできるのです。**

実は私たちは、普段から無意識にリスクをコントロールしています。たとえば「雨の日は電車が遅れるから早めに出かけよう」と自然に考えますよね。日常生活で自然にできていることが、投資になると難しく感じるのはなぜでしょうか。

それは、投資の知識がないからです。

まずは小さな成功や失敗を重ねつつ、知識を蓄えていきましょう。

こんな投資は、してはいけない！

1 雑誌やテレビの情報をうのみにしない！

雑誌などで紹介されている投資法を見ると、いかにも儲かりそうな気がするかもしれません。やたらと情報に飛びつくのではなく、自分でしっかり考える癖をつけましょう。雑誌やテレビで紹介されている段階で、すでに古い情報だと思ったほうがいいですよ。

2 わからないものには手を出さない！

理解できない、仕組みがわからないものに飛びついてはいけません。おいしい儲け話なんてものはありません。一度立ち止まり、納得いくまで調べて、自分の頭で考えることが大事です。

3 短期で儲けようとしない！

中長期で利益を出すのが、投資の基本の考え方です。短期で儲けようとすれば、その分リスクも大きくなります。それをわかったうえでリスクを分散したり、小さくできるならば、挑戦してみてもいいかも。

4 無理をして資金を作らない！

投資は、余裕資金で行なうことを原則にしてください。投資には元本割れの危険性があるからです。生活費や目的があって貯めているお金を、投資に回すのは避けましょう。

5 一喜一憂しない！

短期的には、株価や投資信託の価格が急に上がったり下がったりすることもありますが、長期で見ればゆるやかな上昇になることが多いものです。いちいち慌てたりしないで、長い目で見られる心を育てましょう。そのためには、一気に大金を投資をするのではなく、少額からコツコツと長く続けることが大事です。

「自分への投資」にお金と時間を使おう

それは投資？ ただの浪費？

投資と浪費を分けるのは、リターンがあるかないかの差です。「投資」という名目でお金を使うなら、リターンがあるかどうかをきちんと考えるべきです。

自分への投資というと、勉強を思い浮かべる人も多いと思います。資格の勉強をして、その資格を取ったことで収入が増えたり、できる仕事が増えたりすれば「投資」です。一方、資格を取らないまま挫折したり、資格を取ったもののなんの役にも立たないなら、それは浪費です。

投資といえるのか浪費になるのか、自分なりに厳しく評価しましょう。

お金だけではなく「時間」を使うことも大事

お金を使うことだけが投資ではありません。時間をかけることも、自分への投資です。自分への投資は、すぐに成果が出るものばかりではないですよね。

勉強や習い事だけでなく、たとえば日々のちょっとした運動が、生涯にわたる健康や体力の維持につながることもあります。

こうした日々の意識にも目を向けながら、**定期的に「リターンが出ているかな？」「リターンを見失っていないかな？」と振り返る目を持ちながら、続けていきましょう。**

自分への投資は若い今こそ始めて！

自分への投資は、今すぐにでも始めましょう。自分に投じたことはすべてが自分の身になります。本を読めば知識が身につくし、勉強すればこれまでと違った物の見方ができるようになります。20代、30代で自分への投資を始めれば、50代、60代で同じことを始めるよりもそれを活かす時間がたくさん残っています。

自分への投資にはお金も時間も惜しまないでください。今が、スタートするときです。

もっと知りたい！ column 12

困ったときは誰に相談する？

二人三脚で走れる人に相談を

あなたが得をすれば得をし、あなたが損をすれば損する人——それが相談すべき相手です。

たとえば保険代理店は、保険を売った手数料が自分たちの利益になります。だから、手数料の高い保険を売りたくなるのは当たり前の話です。一方、あなたは自分に合った保障内容で、できるだけ安い保険に入りたいですよね。この場合、

- あなたの「得」は、保険料の安い保険
- 保険代理店の「得」は、手数料が高い保険

となるので、なかなか利害が一致しません。

では、どんな人なら利害が一致するのでしょうか？

たとえば、

- 保険そのものは販売せず、有料で相談に乗ってくれる人
- あなたの利益に連動した報酬で相談に乗ってくれる人

はどうでしょうか。

前者は、相談によって成果が得られなければお客さんが集まらないので、相談者の利益をきちんと考えてくれます。後者は、あなたに利益が出なければ自分の利益も出ないので、お互いの利害が一致しています。

お金セミナーに参加してみよう

お金の相談相手として一般的なのが、FP(ファイナンシャルプランナー)や資産コンサルタントですが、その中でも、上記の視点をもって絞り込んでみてください。無料セミナーなどにも参加して、情報を集めたうえで見極めるといいでしょう。

「親切だから」「がんばってくれるから」「よい人そうだから」というなんとなくの判断はやめましょう。

＼今すぐ始める！／

お金を増やすための TO DOリスト

日付		check
/	・家計簿をつける	□
/	・ネット銀行に貯蓄用口座を作る	□
/	・収入の2割を自動で先取り貯蓄する	□
/	・月に1回は通帳に記帳する	□
/	・払い過ぎている固定費がないか見直す	□
/	・クレジットカードの保有枚数が多ければ見直す	□
/	・できるだけクレジットカード払いにする	□
/	・スマホのプランを見直す	□
/	・割高な保険に入っているなら見直す	□
/	・ネット証券で投資信託のNISA口座を開く	□
/	・バランスファンドを積立で買う	□
/	・iDeCo(個人型確定拠出年金)の加入を検討する	□
/	・自分への「投資」を考える	□

監修 大竹のり子（おおたけ・のりこ）

ファイナンシャルプランナー。株式会社エフピーウーマン代表取締役。出版社の編集者を経て、2005年4月に女性のためのお金の総合クリニック「エフピーウーマン」を設立。現在、雑誌、講演、テレビ・ラジオ出演などのほか、『お金の教養スクール』『お金の体質改善マンツーマンプログラム』の運営を通じて、正しいお金の知識を学ぶことの大切さを伝えている。『なぜかお金に困らない女性の習慣』（大和書房）、『はじめてでもスイスイわかる！ 確定拠出年金［iDeCo］入門』（ナツメ社）など著書は40冊以上。

エフピーウーマン　http://www.fpwoman.co.jp/

本書の内容に関するお問い合わせは、**書名、発行年月日、該当ページを明記**の上、書面、FAX、お問い合わせフォームにて、当社編集部宛にお送りください。**電話によるお問い合わせはお受けしておりません**。また、本書の範囲を超えるご質問等にもお答えできませんので、あらかじめご了承ください。

FAX：03－3831－0902

お問い合わせフォーム：http://www.shin-sei.co.jp/np/contact-form3.html

落丁・乱丁のあった場合は、送料当社負担でお取替えいたします。当社営業部宛にお送りください。

本書の複写、複製を希望される場合は、そのつど事前に、出版者著作権管理機構（電話：03-5244-5088、FAX：03-5244-5089、e-mail：info@jcopy.or.jp）の許諾を得てください。

JCOPY <出版者著作権管理機構 委託出版物>

オトナ女子の
お金の貯め方増やし方BOOK

2018年 2月15日　初版発行
2019年 6月15日　第7刷発行

監修者　大竹のり子
発行者　富永靖弘
印刷所　株式会社高山

発行所　東京都台東区台東2丁目24　株式会社 新星出版社
〒110-0016　☎03（3831）0743

© SHINSEI Publishing Co., Ltd.　Printed in Japan

ISBN978-4-405-10305-4